Roland Wolf
Richter in zwei Welten

Roland Wolf

Richter in zwei Welten

Die Wende anhand von Fällen
eines Zivilrichters

Heinrich-Jung-Verlagsgesellschaft mbH
Zella-Mehlis / Thüringen

Heinrich-Jung-Verlagsgesellschaft mbH
Am Einsiedel 7
D-98544 Zella-Mehlis
Tel.: +49 (0) 36 82 / 4 18 84
Fax: +49 (0) 36 82 / 45 36 91
www.heinrich-jung-verlag.de
verlag@heinrich-jung-verlag.de

Der Autor ist für den Inhalt und die historische Richtigkeit seiner Beiträge verantwortlich. Die in diesem Buch veröffentlichten Meinungen müssen nicht identisch mit den Auffassungen des Verlages sein.

Für unverlangt eingesandte Manuskripte, Fotos und sonstige Unterlagen übernimmt der Verlag keine Haftung.

Titelbild
Auf der Titelseite ist ein Cartoon von Ralf Böhme (Rabe) zu sehen.

Fotonachweis
Roland Wolf (6), Heinrich Jung (1), Ernesto Jung (1), Archiv Freies Wort (2)

Cartoons
Ralf Böhme (15)

Alle Abbildungen wurden sorgfältig auf Rechte Dritter geprüft. Sollten Sie dennoch Ihre Rechte oder die Rechte derer die Sie vertreten, oder sonstige gesetzliche Bestimmungen verletzt sehen, bitten wir Sie, im Sinne der Schadenminderungspflicht um eine Nachricht an den Autor.

Unser Buchprogramm finden Sie im Internet unter www.heinrich-jung-verlag.de.

Inhalt

Auftakt

Rechtssprichwörter

Besser schlichten als richten.

Ein magerer Vergleich ist besser als ein fetter Prozess.

Vergleichen und Vertragen ist besser als Zanken und Klagen.

Mit dem Urteil nicht eile, höre vorher beide Teile.

Wer die Augen nicht auftut, der tut den Beutel auf.

Die besten Mahner sind die schlechtesten Zahler.

Die Gesetze strafen und nicht die Richter.

Es genügt nicht, Recht zu haben,
man muss es auch bekommen.

Vorwort

Aller Anfang ist schwer.
Erst besinn's, dann beginn's.
Jedes Volk hat die Richter, die es verdient.
Tue recht und scheue niemand!

Was bringt einen pensionierten Richter dazu, ein Buch über Alltagsfälle seiner fast 40-jährigen richterlichen Tätigkeit zu schreiben, statt seinen Ruhestand mit Reisen, gastronomischen Genüssen, dem Besuch von Fitness-Studios und der Enkelbetreuung zu verbringen? Mehr oder weniger spektakuläre Fälle hat nach dem Ende der beruflichen Laufbahn wohl jeder Richter aufzuweisen. Worin liegt also das Besondere einer Richtertätigkeit, die sich davon abhebt und den Leser informieren, interessieren und unterhalten könnte?

Zunächst geht es dem Verfasser ein bisschen so, wie den von Honoré de Balzac in seinem „Gesetzbuch für anständige Menschen"[1] beschriebenen Personen. „Wenn aber der große Augenblick (Pensionierung, der Autor) kommt, dann geht es dem Beamten wie Fräulein Mars und allen Schauspielern: Sie fühlen sich noch so rüstig und voll Tatkraft, niemals haben sie mehr ‚Grips' gehabt als jetzt." „Welche Ungerechtigkeit!"

„Der Beamte vergisst alle seine früheren Vorwürfe gegen jene törichten Greise, jene Dummköpfe, die den Jungen den Weg versperren; er regt sich über den Minister und den Personalchef auf: Ach, die können ihm leid tun! Er hält sich krampfhaft an seinem Sessel fest wie ein zum Tode Verurteilter am Schinderkarren. Aber schließlich wird er doch in den Ruhestand versetzt, er muss diese Karteikästen, diese Büroluft, diese Akten verlassen, die er bald gehasst und bald verehrt hat."

Weiter heißt es bei Balzac:

„‚Was soll bloß aus mir werden, wenn ich den Alten den ganzen Tag auf dem Hals habe?' sagt seine Frau. ‚Womit soll ich ihn beschäftigen? Er steckt seine Nase in alles, er fasst alles an, er ist so kleinlich, so wunderlich! Hört auf', sagt sie zu ihren Freunden, ‚ihr kennt ihn nicht! Man muß ihm irgend etwas in den Kopf setzen! Die Regelung seiner Pension wird ihn noch eine Zeitlang beschäftigen, aber dann …?'"

„Der pensionierte Beamte wird ein unermüdlicher Zeitungsleser, er liest die Zeitung vom Titel bis zum Namen des verantwortlichen Redakteurs, er studiert auch die Annoncen, und das beschäftigt ihn drei Stunden lang; dann bummelt er durch die Gegend und kommt gerade noch zum Mittagessen zurecht; aber ist er erst in der Wohnung, so ist alles gerettet. Abends geht er aus und macht sein Spielchen.

Viele pensionierte Beamte widmen sich dem Angelsport, einer Beschäftigung, die viel Ähnlichkeit mit der Tätigkeit im Büro hat. Andere, gewitzte Männer, werden Aktionäre, verlieren ihr Geld, finden aber wieder eine Stelle in den Unternehmen. Manche werden Dorfschulzen oder Amtsgehilfen und setzen ihre bürokratischen Gepflogenheiten fort."

Der den Beamten nachgesagte Ausruf: *„Ach, wenn ich doch meine Zeit schon hinter mir hätte, wenn ich aufhören und endlich meine Pension beziehen könnte!"* (H. de Balzac, a.a.O.), gilt für den Autor des Buches nicht. Dies war für mich nie ein Thema. Zutreffend ist vielmehr der Umstand, dass ich zu allen Zeiten ein engagierter Richter war, meine Arbeit gerne gemacht habe und bei meiner („Zwangs-") Pensionierung mit 65 durch das Richtergesetz noch ausreichend rüstig und geistig fit für die Fortsetzung des Berufslebens gerüstet schien. Viele Erfahrungen und Kenntnisse, auch aus der Wendezeit, hätten so weiter genutzt werden können. Im Vergleich zu dem allgemeinen Renteneintrittsalter mit 67, zum Beispiel auch für Maurer, Dachdecker oder anderen körperlich schweren Berufen, ist die Versetzung eines Richters in den Ruhestand im Alter von 65 Jahren nicht sonderlich glücklich und nicht nachzuvollziehen. Andererseits sind vierzig Arbeitsjahre eine lange Zeit, die offensichtlich nach „frischem Blut" ruft. Der Richter sollte auch nicht aus dem Büro bzw. Gerichtssaal wegen altersbedingter Gebrechlichkeit und Demenz getragen werden müssen.

Anlass für das Schreiben des Buches ist nicht nur die mit der Pensionierung verbundene plötzliche „Beschäftigungslosigkeit" und notwendige „Umstrukturierung" des Richters. Ich kann zwar nicht verhehlen, dass der Schritt von der Bewältigung schwieriger Handelsprozesse zu hauswirtschaftlichen Arbeiten „von heute auf morgen" nicht einfach ist und eine neue Ausrichtung nötig macht. Dies will ich mit dem Schreiben des vorstehenden Buches angehen. Ein besonderes Anliegen besteht auch darin, den Lesern, vor allem den jüngeren, einige Eigenheiten und Kuriositäten der Planwirtschaft in der DDR im

Vergleich zur Marktwirtschaft, der Wendezeit und der freien Marktwirtschaft anhand von zivil- und handelsrechtlichen Fällen des gerichtlichen Alltages darzustellen. Dies soll in leicht verständlicher, humoristischer Weise, mit Rechtssprichwörtern untersetzt, erfolgen. Das Buch erhebt nicht den Anspruch einer wissenschaftlichen Aufarbeitung.

Was sind nun die Besonderheiten meiner richterlichen Tätigkeit? Sie liegen darin, dass ich bis zur Wende in der DDR beim Staatlichen Vertragsgericht in der Abteilung Handel/Landwirtschaft im zivilen Wirtschaftsbereich als Richter bzw. Vertragsoberrichter tätig war. Daraus stammen auch die Fälle aus der Planwirtschaft. Danach habe ich die Probleme der Wende als Richter beim Kreisgericht bzw. Amts- und Landgericht hautnah miterlebt und an der Umgestaltung mitgewirkt.

Der Wechsel eines Richters von der sozialistischen Planwirtschaft in die Marktwirtschaft war nicht einfach. Ich wurde sozusagen „ins kalte Wasser" geworfen. In kürzester Zeit waren nicht mehr die Staatliche Vertragsgerichtsverordnung und das Vertragsgesetz, sondern das Gesetz über Wirtschaftsverträge (GW), das Gesetz über Internationale Wirtschaftsverträge (GIW), die neue (alte) ZPO, das BGB, HGB und andere Gesetze anzuwenden. Erinnert sei in diesem Zusammenhang nur an die vielfältigen Aufgaben und Vorschriften im Zusammenhang mit der Privatisierung der Wirtschaft (Einigungsvertrag, Umstellung der VEBs und der Volkseigenen Kombinate, die Treuhand-Unternehmen, das DM-Bilanz-Gesetz). Einher ging das mit großen Aufgaben und Anstrengungen auf dem Gebiet des Registerwesens. Die Zeit war durch eine enorme Aufbruchsstimmung in allen Bereichen gekennzeichnet. Einige Fallbeispiele werden das verdeutlichen.

Es galt das Motto „Learning by doing" („Lernen durch Handeln"). In der Anfangszeit war ich als Richter vom Eingang des Mahnbescheides bis zur zivilrechtlichen Vollstreckung „Mädchen für alles". Das galt sowohl für Arbeiten der Justizangestellten und Rechtspfleger, als auch für die Berechnung von Kosten und Gebühren. Infolge des hohen Stammkapitals Volkseigener Betriebe und Kombinate wurden im Zusammenhang mit deren Privatisierung zum Beispiel Registerrechnungen in Höhe von mehreren Hunderttausend Mark erstellt. Diese haben gerade in der Wendezeit wesentlich zur Absicherung des Finanzbedarfs der Gerichte beigetragen. Es schlug sich aber auch unmittelbar nach der Wende in den gerichtlichen Strukturen nieder. So war ich eine Zeitlang auch Verwaltungsrichter, mit Familien- und Betreuungssachen betraut, Eilrichter in Straf- und Abschiebungssachen sowie vor allem Register- und Konkurs-(Gesamtvollstreckungs-)Richter. Diese Zeit (Wende) aufzuarbeiten, lohnt sich. Deshalb soll dem Zeitabschnitt ein gesondertes Kapitel gewidmet werden.

Nach umfangreichen Schulungs- und Unterstützungsmaßnahmen durch Richter aus den alten Bundesländern wurde ich bereits unmittelbar nach der Wende zum Richter auf Probe am Landgericht, zum Richter und letztlich sogar zum Vorsitzenden Richter am Landgericht berufen. Als Vorsitzender einer Kammer für Handelssachen war ich bis zur Pensionierung tätig. Eine Vielzahl interessanter Fälle, vor allem auch im Vergleich zur früheren Planwirtschaft, sollen aus dieser Zeit dargestellt werden.

Nicht unerwähnt kann bei einem solchen Buch die Klarstellung sein, dass das Ziel des Autors nicht darin besteht und bestehen kann, die politischen, strafrechtlichen und anderen Verhältnisse in der DDR aufzuarbeiten. Es sollen vielmehr anhand von Fällen und Vergleichen die planwirtschaftliche Mangelwirtschaft und die damit verbundenen Kuriositäten dargestellt werden. Geschehenes Unrecht soll mit dem Buch nicht schöngeredet oder gar vergessen werden. Es ist auch keine rechtswissenschaftliche Abhandlung, sondern eine leicht verständliche humoristische Darstellung beabsichtigt.

Das Buch gliedert sich in drei wesentliche Bereiche. Das ist zum einen die Spruchtätigkeit des Staatlichen Vertragsgerichts in der DDR im Vergleich zu den marktwirtschaftlichen Regelungen, zum anderen sind es die Besonderheiten aus der Wendezeit und schließlich sind es interessante Rechtsstreite aus der Tätigkeit der Kammer für Handelssachen beim Landgericht. An den Anfang der Kapitel und Fallbeispiele werden Rechtssprichwörter gestellt. Diese bringen typische Sachverhalte und Rechtsfragen bzw. Volksweisheiten zum Ausdruck. Sie sollen sowohl belehren, als auch vor allem amüsant und unterhaltend sein.

Anliegen des Autors ist es auch, zu verdeutlichen, dass nicht fette Prozesse das Ziel gesellschaftlichen Zusammenlebens und des Rechtsfriedens sind, sondern deren Vermeidung, die Schlichtung und die Lösung von Problemen, möglichst dauerhaft über den gerichtlichen Einzelfall hinaus (zum Beispiel durch Mediation). Der Leser soll dafür sensibilisiert werden, gut klingenden Angeboten nicht blind zu vertrauen, sondern diese zu prüfen und zu hinterfragen. Dafür sind das „Kleingeschriebene" und die Sprichwörter „Nicht zu geschwind, die Eile macht blind!", „Siehe dich für, Schaum ist kein Bier!" und „Vorsorge verhindert Nachsorge" beredtes Beispiel.

Na dann, gute Verrichtung!

Deutsches Richtergesetz

§ 38 Richtereid

1. Der Richter hat folgenden Eid in öffentlicher Sitzung eines Gerichts zu leisten:

   „Ich schwöre, das Richteramt getreu dem Grundgesetz für die Bundesrepublik Deutschland und getreu dem Gesetz auszuüben, nach bestem Wissen und Gewissen ohne Ansehen der Person zu urteilen und nur der Wahrheit und Gerechtigkeit zu dienen, so wahr mir Gott helfe."

2. Der Eid kann ohne die Worte „So wahr mir Gott helfe" geleistet werden.

3. Der Eid kann für Richter im Landesdienst eine Verpflichtung auf die Landesverfassung enthalten und statt vor einem Gericht in anderer Weise öffentlich geleistet werden.

Hohes Gericht

Andre Zeiten, andre Sitten.
Die Ladung ist der Sache Beginn.
Ein Richter soll zwei gleiche Ohren haben.

Mit der Wende entstand auch die Frage, wie denn die korrekte Anrede des Richters lautet und welche Amtstracht er zu tragen hat. Aus englischen oder amerikanischen Filmen weiß man, dass die Richter mit schwarzen Roben und weißen Perücken auftreten und mit „Euer Ehren" angesprochen werden. Das ist in Deutschland nicht der Fall. Die Richter tragen zwar eine schwarze Robe (je nach Gerichtsbarkeit differenziert); aber keine Perücke. Angesprochen werden sie mit Herr/Frau Vorsitzender (e) oder auch Herr/Frau Richter (in)[2]. Die Bezeichnung „Hohes Gericht" sollte den Strafverteidigern und Staatsanwälten in Strafprozessen vorbehalten bleiben. Im Allgemeinen wird in Zivilprozessen damit etwas zu dick aufgetragen. Der Richter könnte meinen, die Partei möchte sich damit „einschmeicheln". Das gilt auch für den Fall, dass der Richter bei seinem Namen genannt wird. Möglicherweise wird damit eine Vertrautheit dokumentiert. Ein Grund für die Ablehnung des Richters wegen des Verdachts der Befangenheit durch die andere Partei ist das jedoch nicht. Weiter mitwirkende Richter oder Handelsrichter können auch mit Herr/Frau Beisitzer (in) angesprochen werden.

Für die Amtstracht gibt es eine Verwaltungsvorschrift des Thüringer Justizministeriums vom 13. Mai 1992 (3152-1-1/91). Eine Amtstracht tragen danach z. B. Berufsrichter, Handelsrichter, Staatsanwälte, Rechtsanwälte, Urkundsbeamte der Geschäftsstellen. „Als Amtstracht sind eine schwarze Robe ohne Rangabzeichen und nach Form und Farbe unauffällige, mit der Amtstracht zu vereinbarende Kleidungsstücke zu tragen. An der Robe wird ein Besatz getragen, der bei Richtern aus Samt besteht. Für die Beschaffung und Bezahlung der Roben sind die Richter selbst verantwortlich.

Die Amtstracht wird in Bayern beispielsweise wie folgt beschrieben: „Die Robe liegt auf den Schultern und der Brust glatt an und fällt vorn und hinten weit und faltig bis über die Mitte des Unterschenkels herab; sie wird vorn durch eine Reihe verdeckter Knöpfe oder durch Haken geschlossen. Der Halsausschnitt lässt Kragen und Halsbinde sehen, verdeckt aber Rock und Weste. Die Ärmel fallen nach unten weiter werdend und unten offen, faltig herab. Zur

Erleichterung beim Schreiben kann der rechte Ärmel durch einen innen befestigten, nach unten durchzuknöpfenden Knopf um das Handgelenk geschlossen werden."

„Zur Robe wird unter einem weißen Kragen eine weiße Halsbinde getragen. Für Frauen ist eine andere weiße Bekleidung Bluse oder Schal zulässig." Es folgen nähere Erläuterungen für die Fertigung der Roben im Einzelnen.[3]

Deutsche Gründlichkeit! Alles ist geregelt. Für fast alles gibt es eine Verwaltungsvorschrift.

In Thüringen haben auch die Handelsrichter in den Verhandlungen der Kammer für Handelssachen eine Robe zu tragen. Das ist nicht in allen Bundesländern so.

Verhandelt der Richter ohne Robe ist das ein Grund für die begründete Ablehnung des Richters durch eine Partei wegen Besorgnis seiner Befangenheit. Die fehlende weiße Krawatte reicht dazu in der Regel allerdings nicht aus. Rechtsanwälte ohne Robe bzw. ohne Krawatte können deshalb nicht ausgeschlossen werden, auch wenn es eine Ungehörigkeit ist. Dem Richter ist es nicht untersagt, im Sommer unter der Robe eine kurze Hose oder anderes zu tragen.

Das Tragen einer Robe durch den Richter und die höhere Platzierung vor den Parteien in der Verhandlung ist aus meiner Sicht richtig. Damit wird eine gewisse Autorität verkörpert, die sein muss.

In der DDR wurden die Richter in der Regel mit Frau/Herr und dem Namen sowie Genossin/Genosse und dem Namen angesprochen.

I. Kapitel:
Die DDR-Zeit

Meine Tätigkeit im Staatlichen Vertragsgericht

Entwarnung!

Der Autor beabsichtigt nicht, den Leser mit rechtswissenschaftlichen oder politischen Erörterungen über die Stellung und Funktion des Staatlichen Vertragsgerichts in der DDR zu langweilen. Für das Verständnis bestimmter geschilderter Sachverhalte und Entscheidungen erscheinen gleichwohl einige kurze Ausführungen hierüber angebracht.

In der DDR wurden Streitigkeiten zwischen den Betrieben bis zum 30. Juni 1990 vom Staatlichen Vertragsgericht entschieden. Die sachliche Zuständigkeit des Staatlichen Vertragsgerichts umfasste den Regelungsbereich des Vertragsgesetzes. Die Streitigkeiten betrafen im wesentlichen Auseinandersetzungen aus der vertraglich vereinbarten Zusammenarbeit der Wirtschaftseinheiten bei der Koordinierung ihrer Aufgaben und Tätigkeiten einschließlich der Vorbereitung künftiger vertraglicher Liefer- und Leistungsbeziehungen, bei der Lieferung von Erzeugnissen, bei der Errichtung von Bauwerken und anderes. Das Vertragsgesetz wurde als eigenständige Regelung des Wirtschaftsrechts neben dem Zivilgesetzbuch von 1975 betrachtet. Das ZGB löste das BGB ab. Die Schaffung des Staatlichen Vertragsgerichts neben den ordentlichen Gerichten ist aus der staatlichen Planwirtschaft abzuleiten. Die Betriebe der Volkseigenen und ihnen gleichgestellten Wirtschaft waren verpflichtet, über alle sich aus dem staatlichen Volkswirtschaftsplan ergebenden Verpflichtungen zur Lieferung und zum Bezug von Waren, Verträge abzuschließen. Das Vertragsgericht hatte sie bei der Sicherung der Einheit von Plan, Bilanz und Vertrag zu unterstützen. Es konnte insoweit ausgehend vom Plan Vertragsgestaltungsverfahren auch ohne Antrag der Partner durchführen und deren Einhaltung mittels Kooperationssicherungsverfahren von Amts wegen sichern.

Das Staatliche Vertragsgericht war außerdem für die Führung des Registers der Volkseigenen Wirtschaft zuständig. In dieses wurden alle Volkseigenen Betriebe, Kombinate und Kombinatsbetriebe eingetragen. Alle anderen Firmen, Einzelkaufleute, OHG, KG und AG wurden beim jeweiligen Rat des Kreises erfasst und geführt. Das galt auch für das Genossenschaftsregister. Auf der Grundlage der VO zur Umwandlung von Volkseigenen Betrieben in Kapitalgesellschaften vom 1. März 1990 wurde das Staatliche Vertragsgericht auch für die Führung des Handelsregisters A und B sowie des Genossenschaftsregisters zuständig. Durch das Treuhandgesetz vom 16. Juni 1990 wurden alle nicht bereits umgewandelten Wirtschaftseinheiten ab 1. Juli 1990 kraft Gesetzes Aktiengesellschaften oder GmbH im Aufbau (i. A.) und waren als solche in das Handelsregister einzutragen. Die dazu erforderlichen Angaben waren dem Registergericht bis zum 16. Juli 1990 mitzuteilen (Name der Firma, Sitz, Gegenstand, Geschäftsführung u. a.). Unverzüglich nach der Eintragung in das Handelsregister waren dann die für die Gründung der Aktiengesellschaft, GmbH usw. gesetzlich erforderlichen Maßnahmen einzuleiten (z. B. notarieller Gesellschaftsvertrag, Satzung, Schlussbilanz, Eröffnungsbilanz u. a.). Mit der Erledigung wurde im Register der Zusatz „im Aufbau" gelöscht.

Der Leser weiß oder kann sich vorstellen, was mit diesen Maßnahmen für umfangreiche Arbeiten erforderlich wurden und zu meistern waren. Hinzu kamen noch Verpflichtungen aus dem Einigungsvertrag für die Unternehmen, die Währungsunion und anderes.

Das Staatliche Vertragsgericht wurde mit Wirkung zum 1. Juli 1990 in ein ordentliches Gericht übertragen. Ursprünglich waren die Kammer für Handelssachen und das Registergericht beim Kreisgericht ansässig. Nunmehr sind ausgehend vom sachlichen Geltungsbereich (Streitwert) grundsätzlich das Landgericht, Kammer für Handelssachen und für Registersachen das festgelegte Amtsgericht zuständig.

Sozialistische Planwirtschaft – Wirtschaftsverträge

Ein Schwerpunkt meiner Tätigkeit im Staatlichen Vertragsgericht bestand in der Ausgestaltung, Durchsetzung und Sicherung von Wirtschaftsverträgen zwischen den Wirtschaftseinheiten.

Die „Einheit von Plan, Bilanz und Vertrag" war einer der wesentlichsten Grundsätze der sozialistischen Planwirtschaft. Mangels häufig fehlender realer Pläne und hoher Bedarfsforderungen war diese oft nicht vorhanden und nicht einfach herzustellen. Ihr Inhalt bestand insbesondere darin, die betrieblichen Plan-Kennziffern entsprechend der Bilanzierung vertraglich zu untersetzen. Das scheiterte nicht selten an unrealistischen Plänen, fehlenden betrieblichen Kapazitäten und entgegenstehender Lieferverpflichtungen. Das Staatliche Vertragsgericht hatte bei derartigen Diskrepanzen Wirtschaftsverträge mit oder auch ohne Antrag der Betriebe zu gestalten, abzusichern und teilweise auch zu kontrollieren. Das lag in meinem Arbeitsbereich. Anhand einiger Fallbeispiele sollen Gegenstand und Probleme dieser Verfahren aus der DDR-Zeit dem Leser aufgezeigt werden. Auch wenn diese absolut nicht vollständig sind, leiten sich daraus bestimmte grundsätzliche Erkenntnisse über die damalige wirtschaftliche und gesellschaftliche Situation ab. Das gilt vor allem für die existierende Mangelwirtschaft. Einfachste Zulieferteile und Verbraucherprodukte konnten nicht geliefert werden bzw. bedurften zur Absicherung enormer Kraftanstrengungen. Das ging bis zur Einschaltung der Ministerien und des Ministerrates.

In dieser Situation spielte die Ermittlung des „volkswirtschaftlich begründeten Bedarfs" eines Unternehmens an bestimmten Erzeugnissen und dessen Berücksichtigung bei der Gestaltung von Wirtschaftsverträgen eine große Rolle. Einige Fälle sollen das deutlich machen. Ebenso werden Beispiele einer offensichtlich fehlerhaften Planung aufgeführt.

Sozialistische Materialwirtschaft – Mangel an Hohlnieten

Vorrat ist der beste Rat.
Beim Geschäft hört die Freundschaft auf.
Was man hat, das hat man.

In der DDR bestand unter anderem ein sehr großer Bedarf an Hohlnieten für die Produktion in den Wirtschaftsbetrieben. Die Hohlnieten wurden in einem Volkseigenen Betrieb im Gerichtsbezirk für sehr viele Bedarfsträger gefertigt. Deren angemeldeter Bedarf konnte bei weitem nicht gedeckt werden. Dies hatte erhebliche Auswirkungen für die Fertigung in den Betrieben. Vertragsrückstände und Versorgungslücken waren die Folge. Um diesen Missstand zu beseitigen und die Produktion abzusichern, bestellten viele Hersteller weit mehr Nieten als tatsächlich benötigt wurden, um sich einen Reservebestand zu schaffen. Das verschärfte natürlich die Situation. Dieses Verhalten war in der Mangelwirtschaft der DDR allerdings nicht untypisch. Die Betriebe bauten teilweise abenteuerlich hohe Bestände auf. Die Produkte wurden teilweise dazu genutzt, mit anderen dringend benötigten Artikeln zu tauschen.

In mehreren Verfahren vor dem Staatlichen Vertragsgericht verklagten daher Betriebe den Hersteller auf Abschluss von Wirtschaftsverträgen über die Lieferung von Hohlnieten. Grundlage für die Vertragsgestaltung waren neben einer entsprechenden Planung und Bilanzzuweisung vor allem auch der Nachweis des volkswirtschaftlich begründeten Bedarfs. Dieser war anhand von Materialverbrauchsnormen, Plan-Kennziffern, Bestandsnormen, abgeschlossener Verträge und anderes nachzuweisen.

Das Vertragsgericht hat in einer Vielzahl von Verfahren den tatsächlichen Bedarf der Besteller in aufwendiger Arbeit überprüft, um freie Kapazitäten zu ermitteln und der Vertragsgestaltung mit anderen Bedarfsträgern zu Grunde zu legen. Dies war Ausdruck der mit der Planwirtschaft verbundenen Mangelwirtschaft. Für heutige Verhältnisse unvorstellbar. Der Markt würde das richten. Der oder die Hersteller wären umgekehrt vielmehr daran interessiert, so viel wie möglich ihrer Produkte zu liefern. Ein „Hohlnieten-Problem" gibt es jedenfalls nicht.

In der sozialistischen Planwirtschaft wurden von den Unternehmen grundsätzlich hohe Bestände aufgebaut, um für alle Eventualitäten gerüstet zu sein und den Bedarf absichern zu können. Diametral entgegengesetzt dazu ist die Situation in der Marktwirtschaft, was sich auch aus dem Gegenstand der damaligen Verfahren vor dem Vertragsgericht und der heutigen Rechtsstreite vor der Kammer für Handelssachen nach der Wiedervereinigung ergibt. Das Motto lautet heute nicht Bestandsaufbau und große eigene Lagerhaltung in den Betrieben, sondern deren „Verlagerung" auf die Straße durch „Just in time"-Lieferungen. Dass Letzteres auch Gefahren mit sich bringt, zeigt der folgende Rechtsstreit.

Just in time versus sozialistische Bestandswirtschaft

Zeit ist Geld.
Wo nichts ist, hat der Kaiser sein Recht verloren.

Diametral entgegengesetzt zum Aufbau hoher Bestände in den sozialistischen Betrieben verläuft die Organisation und Durchführung der Kooperation in den heutigen marktwirtschaftlich ausgerichteten Unternehmen. Kein privates Unternehmen kann es sich leisten, zur Absicherung der Produktion hohe Materialbestände aufzubauen und zu halten. Dies ist nicht finanzierbar. Im Unterschied zu dem vorstehend angeführten Beispiel der Errechnung des volkswirtschaftlich begründeten Bedarfs an Hohlnieten lautet das Motto heute: Just in time. Just in time ist eine Produktionsstrategie, bei der die Materialien und Zulieferteile erst dann geliefert werden, wenn sie tatsächlich für die Produktion benötigt werden. Das Ziel besteht darin, den gesamten Materialfluss so zu gestalten, dass er zeitlich auf den Produktionsprozess abgestimmt ist. Das bedeutet für die beteiligten Unternehmen geringere Kosten, z.B. niedrigere Lagerkosten. Die Lagerhaltung wird sozusagen auf die Straße, den Transport verlagert. Andererseits beinhaltet die Just-in-time-Lieferung auch Gefahren für eine kontinuierliche Fertigung. Sie setzt eine sehr enge Zusammenarbeit und Planung mit den Zulieferern und Transportunternehmen sowie deren Zuverlässigkeit voraus. Der Finalproduzent tritt in eine größere Abhängigkeit gegenüber den Lieferanten und trägt das Risiko von Produktionsausfällen bei Störungen.

Ein Autohersteller aus dem Gerichtsbezirk des Landgerichts hatte sich für die Just-in-time-Lieferung von Zulieferteilen aus Portugal entschieden. Es handelte sich um Autoteile für die Fertigung von Pkws im Autowerk. Die Autoteile wurden vom Hersteller in Portugal in einer Kooperationskette mit Transportunternehmen mittels Lkw-Spezialfahrzeugen bezogen. Eine so im Herstellerwerk dringend benötigte Zulieferung per Lkw kam nicht an. Alle Nachfragen über den Verbleib des Fahrzeuges und den Fahrer blieben ergebnislos. Die Fertigung der Pkws beim Hersteller drohte wegen fehlender Autoteile zu stocken bzw. auszufallen, was auch passierte. Daraufhin wurden die Zulieferteile per Flugzeug aus Portugal herangeschafft und nach einer aufwendigen Umladung auf einen Lkw vom Flughafen in das Werk transportiert und der Produktion zur Verfügung gestellt. Außerdem wurden Ersatzlieferungen mit Lkw-Zügen, die natürlich länger dauerten, in Auftrag gegeben. Durch den Produktionsausfall traten Schäden in Höhe von mehreren Hunderttausend Euro auf.

Trotz intensivster Nachforschungen konnte der Lkw-Transporter erst nach einer Woche, abgestellt auf einem abgelegenen Parkplatz, festgestellt werden. Von dem Fahrer war zunächst keine Spur vorhanden. Nach etwa vierzehn Tagen wurde ermittelt, dass dieser „die Nase voll hatte" von den Fahrten und erst einmal eine „Auszeit" genommen hatte. Er verbrachte die Zeit bei einer Freundin. Das hatte fatale Auswirkungen für die Fertigung beim Autoproduzenten in Deutschland.

Der Hersteller klagte daraufhin beim Landgericht gegen die beteiligten portugiesischen Transportunternehmen auf Schadenersatz. Wie immer in Fällen mit Auslandsbezug war zunächst die Zuständigkeit eines deutschen Gerichts, speziell des Landgerichts M., zu klären. Diese war gegeben, weil der Schaden in dem deutschen Autowerk im Gerichtsbezirk des Landgerichts entstanden war. Das wurde auch von allen Beteiligten so gesehen und akzeptiert. Anzuwenden war deutsches Recht bzw. internationales Privatrecht. Die Verursachung des Schadens durch den Fahrer des Lkw-Zuges und die Verantwortlichkeit des Transportunternehmens bzw. des Fahrers waren ebenfalls gegeben. Allerdings war das verursachende Transportunternehmen aus Portugal zwischenzeitlich in Konkurs und die Firma im dortigen Handelsregister bereits gelöscht. Auch wenn nach Beurteilung des portugiesischen Konkursrechts damit allein die Prozessfähigkeit nicht aufgehoben ist, machte die Fortsetzung des Prozesses aus ökonomischen Gründen wegen der anfallenden hohen Kosten keinen Sinn. Die Parteien einigten sich insoweit auf dessen Einstellung. „Fassen Sie mal einen nackten Mann in die Tasche!"

RABE

23

Toilettenpapier

„Keine Ahnung von der Planung"
Der Markt lehrt kaufen.
Beim Geschäft hört die Freundschaft auf.
Augen auf, Kauf ist Kauf.

Toilettenpapier war in der DDR stets knapp, dennoch bestanden in einem Jahr in einem Centrum Warenhaus so hohe Bestände, dass dieses auf Aufhebung der Abnahmeverträge mit einem Produzenten aus dem Gerichtsbezirk klagte. Dieser verweigerte die Aufhebung der Lieferverträge mit der erforderlichen Produktionsauslastung und Vermeidung betrieblicher Schäden. Zwei bereitstehende Waggons mit Toilettenpapier drohten zu verderben, wenn sich nicht die Bedarfssituation kurzfristig ändere (z. B. verstärkter Bedarf durch massenhafte Durchfallerkrankungen?) oder es gelingt, das Papier auf andere Bedarfsträger umzuverteilen. Dies wurde versucht durch Angebote an Sportvereine, Gesundheitseinrichtungen, Armee, öffentliche Einrichtungen und andere Betriebe. Was größten Teils gelang. Der Vertrag zwischen dem Centrum Warenhaus und dem Toilettenpapierproduzenten wurde entsprechend aufgehoben. Mit den anderen Bedarfsträgern schloss der Hersteller des Toilettenpapiers neue bzw. höhere Verträge.

Problem gelöst?

Nur für diesen Fall. Im nächsten Jahr fehlte Toilettenpapier wieder. Planwirtschaft! Ein geflügeltes Kabarettisten-Wort in der DDR lautete: „Keine Ahnung von der Planung". Das dürfte auch für den vorliegenden Fall gelten.

Darüber, wo das Toilettenpapier herkommt und wie der Bedarf abgesichert wird, machen sich die Kunden des Super-Marktes heute keine Gedanken. Gut so!

Räucher-Meckis

Ein Produktionsbetrieb aus dem damaligen Gerichtsbezirk des Vertragsgerichts fertigte unter anderem so genannte „Räucher-Meckis". Ein absolutes Kult-Produkt in DDR. Es handelte sich um einen kleinen Igel mit einer Mecki-Frisur und einer kleinen Zigarette, der selbständig rauchen und den Rauch herausblasen konnte (Comic-Figur). Der Mecki baffte. Laut ebay sind diese Meckis

auch heute noch in drei verschiedenen Ausführungen und Zigarettengrößen zu erwerben. Älteren Lesern und den Kindern sind die Figuren sicher bekannt.

Der Bedarf an diesen Räucher-Meckis im In- und Ausland war damals so groß, dass der eher kleine Betrieb diesen nicht decken konnte. Da die Meckis auch in das NSW (Nichtsozialistische Wirtschaftsgebiet) geliefert wurden und dringend benötigte Devisen versprachen, wurden Möglichkeiten zur Produktionssteigerung gesucht. In einem Verfahren zum Abschluss höherer Lieferverträge schlug in diesem Zusammenhang ein mitwirkender Schiedsrichter (Handelsrichter) vor, die Fertigung so zu steuern, dass die Rohlinge zunächst maschinell in eine blaue Farbe eingetaucht werden (Hose) und nach dem Trocknen umgedreht in eine rote Farbe (Shirt). Dadurch könnte die aufwendige Handfertigung und das Bemalen der Meckis vereinfacht werden. Ob dieser Vorschlag tatsächlich angenommen und realisiert wurde, ist nicht bekannt. Zweifel bestehen daran, ob diese Meckis den Vorstellungen der ausländischen Kunden entsprachen. Die Figuren wurden übrigens auch als englischer Polizist (Bobby), als Holländer mit Holzschuhen, spanischer Torero, Japaner und vieles mehr ausgestaltet.

1000 kleine Dinge – Mantelhaken

Praxisfremd und ohne Kenntnis der Gesetze.
Keine Regel ohne Ausnahme.
Irren ist menschlich.

Zur Sicherung der Versorgung der Bevölkerung wurden in der DDR aufgrund von Versorgungsengpässen Plan- und Bilanzregelungen aufgestellt, wonach Positionen der 1000 kleine Dinge, speziell ausgewählte Positionen 1000 kleine Dinge, die ausdrücklich benannt wurden, bilanz- und vertragsmäßig vorrangig abzusichern waren. Hinzu kam die Verpflichtung zur vorrangigen Versorgung der Hauptstadt Berlin.

In einem Verfahren vor dem Vertragsgericht zum Abschluss von Verträgen über Mantelhaken als Position 1000 kleiner Dinge zwischen dem Sozialistischen Großhandelsbetrieb Kultur Berlin (SGB) und einem örtlichen Produktionsbetrieb begehrte der SGB im Rahmen der gebotenen vorrangigen Versorgung der Hauptstadt Berlin eine deutliche Erhöhung der Stückzahlen. Dies lehnte der Betrieb mit der Begründung ab, dass er seine Planvorgaben und Bilanzgrößen vollständig ausgelastet und vertraglich untersetzt habe. Weitere Kapazitäten besitze er nicht und könne er auch nicht erschließen. Sonntags-, Feiertags- und Überstundenarbeiten seien erschöpft. Auch durch Prämien-Vereinbarungen und sonstige Anreize könnten keine weiteren Mantelhaken nach Berlin geliefert werden. Zudem fertige er rustikale Wohnraumleuchten für den NSW-Export (Nichtsozialistisches Wirtschaftsgebiet), die sehr begehrt und zu erfüllen seien. Daraus erziele er dringend benötigte Devisen. Eine Kürzung wegen der Mantelhakenfertigung sei nicht möglich und nicht zu verantworten.

Das Vertragsgericht hat damals den Vertragsgestaltungsantrag des SGB Berlin gegen den Produktionsbetrieb wegen dessen vollständigen Auslastung der Kapazitäten und der vertraglichen Untersetzung von Plan und Bilanz abgewiesen. Dagegen ist der SGB Berlin beim damaligen Zentralen Vertragsgericht in die Berufung (Einspruch) gegangen. Das Zentrale Vertragsgericht in Berlin hob die Entscheidung des Bezirksvertragsgerichts auf und wies das Verfahren an das örtliche Vertragsgericht zurück. Zur Begründung führte es aus, das Gericht habe nicht alle Möglichkeiten zur Erschließung weiterer Reserven ausgeschöpft. Insbesondere habe es die „Schwedter Initiative" nicht beachtet, wonach die dortigen Werktätigen weitere Anstrengungen zur Produktionssteigerung unternommen hätten. Dies müsse nachgeholt werden. Dahinter stand der Fakt, „dass nicht sein kann, was nicht sein darf."

Das veranlasste den damaligen Direktor des Vertragsgerichts, der die Berufungs-, Nachprüfungsentscheidung gelesen hatte, auf das Urteil (Schiedsspruch) den Vermerk zu schreiben: „Praxisfremd und ohne Kenntnis der Gesetze.". Der Zufall wollte es, dass aufgrund einer Kostenproblematik die Akte erneut vom Zentralen Vertragsgericht angefordert wurde. Dies dürfte das ohnehin nicht ganz spannungsfreie Verhältnis zwischen dem Bezirksvertragsgericht und dem Zentralen Vertragsgericht nicht gerade verbessert haben. Ob den Berlinern dadurch tatsächlich ausreichend Mantelhaken zum Aufhängen zur Verfügung gestellt werden konnten, ist nicht bekannt.

Im Übrigen bewahrheitet und verallgemeinert sich die Aussage „Praxisfremd und ohne Kenntnis der Gesetze" bis in die heutige Zeit für die unterschiedlichsten Sachverhalte und Prozesse. Ein weiser Spruch!

Balance-Fahrzeug

Der Markt lehrt kaufen.
Beim Geschäft hört die Freundschaft auf.

Der IFA-Vertrieb Berlin berechnete dem Hersteller von Kleinkraftfahrzeugen VEB Simson Suhl („Schwalbe", „Star", „S 50" und andere) für die Lieferung von Mopeds in Transportgestellen mit der Bahn ohne richtig festgezogene Blinker und Spiegel Preissanktionen in Höhe von mehreren Zehntausend Mark. Diese machte er vor dem Bezirksvertragsgericht mit der Begründung geltend, es handele sich um eine nicht qualitätsgerechte Leistung.

Der VEB Fahrzeugwerk Simson Suhl wandte ein, dass der Transport der Mopeds („Schwalbe") mit der Bahn in Holzgestellen das Lösen der Blinker und Spiegel während des Transports erfordere. Diese ließen sich nach dem Entladen durch den IFA-Vertrieb problemlos ohne großen Zeitaufwand einfach nachziehen. Der Transport durch die Bahn sei notwendig und volkswirtschaftlich sinnvoll. Die vorrangige Versorgung der Hauptstadt Berlin werde dadurch nicht beeinträchtigt. Die Berechnung von Preissanktionen in der geltend gemachten Höhe sei jedenfalls nicht gerechtfertigt, weil die Fahrzeuge qualitativ einwandfrei seien und sich anstandslos veräußern ließen. Andere IFA-Vertriebe in der Republik beanstandeten diese Form der Auslieferung der Fahrzeuge nicht.

Das Vertragsgericht hat darin zwar eine nicht qualitätsgerechte Lieferung gesehen, die Preissanktionen aber aufgrund der Besonderheiten des Einzelfalles auf eine angemessene niedrigere Höhe herabgesetzt.

In dem Nachprüfungsverfahren vor dem Zentralen Vertragsgericht wurde der VEB Simson Suhl zur Zahlung der Preissanktion in voller Höhe verurteilt. Dies erfolgte unter anderem. mit der Begründung, es handele sich um ein „Balance-Fahrzeug". Für dieses würden besondere Sicherheitsvorschriften und Sorgfaltspflichten gelten. Lose Spiegel und Blinker entsprächen dem nicht. Das mögliche einfache Anziehen der Schrauben ändere daran nichts. Die Sicherung einer stabilen und vorrangigen Versorgung der Hauptstadt Berlin mit Mopeds rechtfertige die Berechnung der Preissanktion in voller Höhe.

Aua, Klatsche!

Mit dem „Balance-Fahrzeug" hat es aber wohl nicht so sehr viel zu tun, vielleicht eher mit der Verkehrssicherheit. Der lose Versand der Spiegel und der Blinker während des Eisenbahntransportes der Mopeds in Transportgestellen war offensichtlich technologisch erforderlich und den Beteiligten auch bekannt. Möglicherweise hätte dies und etwaige Folgemaßnahmen exakter geregelt werden müssen und können.

Qualität ist alles – Büstenhalter

> *Jeder Krämer lobt seine Ware.*
> *Gute Ware lobt sich selbst.*

Der Sozialistische Großhandelsbetrieb Textilwaren Rostock (SGB Textilwaren) forderte von einem Lieferanten von Büstenhaltern aus dem Bezirk Preissanktionen in erheblicher Höhe mit der Begründung, dass deren Verschlüsse falsch herum angenäht worden seien. Sie seien deshalb mangelhaft. Der Hersteller der Büstenhalter räumte zwar ein, dass die Verschlüsse der BHs von der anderen Seite geschlossen und geöffnet werden müssten. Das sei aber kein Problem. Beides sei möglich und zulässig. Ein Mangel liege darin nicht, ansonsten seien die BHs einwandfrei und entsprächen den Wünschen der Damen, sicher auch der Herren (!), voll und ganz. Die Gebrauchseigenschaften der BH würden dadurch jedenfalls nicht eingeschränkt.

In dem hierzu durchgeführten Verfahren vor dem Vertragsgericht ging es letztlich vor allem um die Frage, ob aufgrund der Abweichung der BHs von den vereinbarten Mustern hinsichtlich der falsch herum angenähten Verschlüsse eine erhebliche oder unerhebliche Qualitätsverletzung vorliegt, die eine Herabsetzung der hohen Preissanktionen rechtfertigt. Das in das Verfahren gerichtlich einbezogene ASMW (Amt für Standardisierung Mess- und Warenprüfung) bestellte zur Erarbeitung einer gutachterlichen Aussage zehn weibliche Testpersonen. Neun von diesen sahen in den anders herum angebrachten Verschlüssen keine Beeinträchtigung in der Nutzung.

Nur eine Person hatte beim Öffnen und Verschließen der BHs kleine Schwierigkeiten. Die Dame soll nach den Aussagen im Gutachten etwas korpulenter gewesen sein. Möglicherweise hatte sie ähnliche Probleme auch bei BHs mit Verschlüssen an der anderen Seite. Männer wurden leider nicht befragt! Vermutlich hätten diese das auch hingekriegt!

Nach alledem setzte das Vertragsgericht die Preissanktion auf eine angemessene niedrigere Höhe herab. Das wurde auch von allen Beteiligten akzeptiert.

Übrigens, im Internet war zu lesen, dass die Art, wie die Frau den BH anzieht, einiges über ihren Charakter verrät. Wenn sie den BH hinten verschließt ist sie konservativ und achtet auf Tradition. Effizienter soll der Verschluss vorne sein. Meine Bemerkung: Wenn ich das damals schon gewusst hätte!

Kindernahrungs-Gläschen – Glassplitter

Lautes Geschrei schafft noch kein Recht.
Wo gehobelt wird, fallen Späne.
Vorsicht ist die Mutter der Porzellankiste.

Der VEB Werk für Technisches Glas I. stellte zur DDR-Zeit unter anderem Gläschen für Baby-Kindernahrung her. Aufgrund von Verbraucher-Beschwerden (Reklamationen besorgter Mütter) wurde festgestellt, dass in den Gläsern am Boden vereinzelt Glassplitter vorhanden sind. Das ist natürlich für die Versorgung der Babys mit Kindernahrungsbreien enorm gefährlich und war unbedingt zu verhindern. Es bestand allerseits große Besorgnis.

Völlig auszuschließen waren nach Angaben des Unternehmens und der Gutachter solche Ausraster technologisch bedingt nicht. In dem modernen maschinellen Produktionsverfahren war bei der Fertigung von zirka 900.000 Fläschchen (die Zahl kann nicht mehr exakt angegeben werden) nicht vollständig auszuschließen, dass in einem Fläschchen ein kleiner Glassplitter sein kann (Glasrückstand).

In einem Verfahren vor dem Vertragsgericht zwischen einem Großhandelsbetrieb und dem Hersteller wurden mit allen Beteiligten Regelungen getroffen und vertraglich vereinbart, wonach besondere Kontrollverfahren eingeführt und Prämien beim Auffinden derartiger Splitter gezahlt werden. Außerdem wurden höhere Sanktionen für den Fall der Qualitätsverletzung festgelegt. Das galt von der Produktion über Zwischenhändler bis zu den Händlern und Einzelverbrauchern. Offensichtlich war das wirksam. Jedenfalls wurden danach größere Havarien und Beschwerden nicht bekannt.

Es ist anzunehmen, dass auch heute Glasrückstände in Flaschen und Gläsern technologisch bedingt nicht 100%-ig ausgeschlossen werden können. Gerade in letzter Zeit kam es wiederholt zu derartigen Rückrufaktionen der Lebensmittelhersteller und des Handels.

Etiketten-Schwindel

Bier-Etiketten lösen sich von den Flaschen.
Pilsner Bier als Bier „Einfach Hell" gekennzeichnet und verkauft.
Da schmeckt´s noch mal so gut.

Gegenstand eines komplexen Kooperationssicherungsverfahrens mit dem Kombinat Getränkewirtschaft und dem Handel war der Umstand, dass sich bei den Getränkelieferungen, insbesondere bei der Auslieferung von Bier in Bierkästen, die Etiketten von den Flaschen lösten. Die Biersorten konnten so im Einzelhandel nicht korrekt festgestellt und zugeordnet werden. Das führte dazu, dass Kunden, die vermeintlich Bier „Einfach Hell" kaufen wollten, tatsächlich aber „Pilsner Bier" oder andere preisintensivere Biere ohne Etikett in den Korb legten. Die Handelsbetriebe erlitten dadurch erhebliche Verluste. Es entstand Chaos und Ärger.

Die Getränkebetriebe sahen die Ursache für den fehlenden Halt des Etiketts auf der Flasche in dem mangelhaften bzw. nicht geeigneten Leim des Zulieferbetriebes. Anderer Leim habe nicht beschafft, nicht vertraglich gebunden werden können, wandten sie ein. Der Zulieferer bestritt die Mängel und führte das Lösen der Etiketten auf die fehlerhafte Abfülltechnologie des Getränkebetriebes zurück. Durch die Reinigung der Flaschen in einem Bad seien diese nicht ausreichend abgetrocknet. Das Etikett halte deshalb nicht dauerhaft. Außerdem sei das Etiketten-Papier nicht geeignet.

Das kann's aber nicht sein!

Die Flaschen müssen gereinigt und etikettiert werden. Darauf müssen sich die Getränkebetriebe und die Zulieferer einstellen. Nach meiner Erinnerung wurde im Rahmen des Verfahrens ein anderer Leim vereinbart, die Abfülltechnologie angepasst und das Etiketten-Papier geändert.

Größere Beschwerden und Probleme bei der dauerhaften, standfesten Kennzeichnung von Bierflaschen sind mir jedenfalls anschließend nicht wieder bekannt geworden. Musste es erst soweit kommen. Hätte sich das nicht auch ohne Verfahren klären lassen?

Ergänzen möchte ich an dieser Stelle, dass bei der Versorgung der Bevölkerung mit Bier in der DDR nicht nur das Ablösen der Etiketten von den Flaschen ein Problem war. In den Sommermonaten bedurfte es vor allem großer Anstrengungen, um den Bedarf überhaupt decken zu können. Es existierte ein Qualitäts-Problem. Das Bier „Einfach Hell" war oft bereits in der Kaufhalle trüb oder überstand den Weg nach Hause zum Kunden nicht. Lange haltbar war es sowieso nicht. Hochwertigere Biere waren nicht ausreichend vorhanden und natürlich teurer. Bei den vielen Biersorten und Bierqualitäten ist das heute kaum zu verstehen. Etiketten lösen sich aber teilweise auch heute noch.

Sozialistische Planwirtschaft – Bestattungsnotstand

Ein hölzerner Sarg ist besser als ein goldener Galgen.
Die Wahrheit ist wie ein Bauernmädchen,
am schönsten ist sie ungeschminkt.
Betrachte die Vergangenheit, und du wirst die Zukunft kennen!

In einer Bezirksstadt der DDR trat in einem Jahr ein „Bestattungsnotstand" auf. Es waren zu viele Menschen verstorben, so dass für diese nicht genügend Särge zur Bestattung vorhanden waren. „Sozialistische Hilfe" anderer Bestattungsunternehmen des Gebietes war nicht möglich, weil diese ebenfalls nicht genügend Särge hatten.

Das Bestattungsunternehmen der Bezirksstadt hatte über die Lieferung von Särgen einen Vertrag mit einem örtlichen Produktionsbetrieb aus dem Gerichtsbezirk, der neben Särgen auch Schlafzimmer und andere Möbel herstellte. Er hatte die Plan- und Bilanzkennziffern vollständig vertraglich untersetzt. Särge waren in der DDR bilanzierungspflichtig. Eine offensichtliche Erfindung des Kabaretts ist aber der Begriff „Erdmöbel" für Särge. Das war weder sozialistisches Bürokraten-Deutsch noch ein entsprechender Begriff im Bilanzverzeichnis.

In einem Vertragsgestaltungsverfahren forderte das Bestattungsunternehmen von dem Produktionsbetrieb die Lieferung weiterer dringend benötigter Särge. Es sei bereits ein „Bestattungsnotstand" eingetreten. Nicht alle Verstorbenen könnten beigesetzt oder eingeäschert werden.

In dem Verfahren wurden weitere Möglichkeiten zur Absicherung des Bedarfs an Särgen geprüft. Dies ging sogar soweit, zu prüfen, ob diese nicht erneut verwandt oder mit zwei Leichen versehen werden können, was natürlich vor allem auch aus hygienischen und Pietätsgründen ausgeschlossen war. Auch die beabsichtigte Umverteilung von Särgen durch das Bilanzorgan zu Gunsten des Bestattungsunternehmens scheiterte. Es verblieb nur die Lieferung weiterer Särge zu Lasten anderer Vertragspartner durch den Betrieb. Das lehnte der Hersteller mit der Begründung ab, er exportiere Schlafzimmer in das NSW und realisiere daraus dringend benötigte Devisen. Eine Kürzung oder gar Stornierung dieser Verträge komme nicht in Frage.

Das Vertragsgericht hat den Betrieb schließlich zur Lieferung weiterer Särge verurteilt, um noch gravierendere Folgen für die Bestattung in diesem Bezirk zu vermeiden. Eine Berufung (Einspruch) gegen diese Entscheidung gab es nicht. Von der Notwendigkeit der Bereitstellung der Särge war offensichtlich letztlich auch der Hersteller überzeugt. Weitere Beschwerden sind nicht bekannt. Offensichtlich hat der Betrieb über Sonder- und Prämien-Vereinbarungen doch noch Möglichkeiten zur bedarfsgerechten Lieferung der Särge gefunden.

Nicht nachzuvollziehen ist aber, wieso es zu dieser Fehlplanung überhaupt kommen konnte und welche Konsequenzen daraus gezogen wurden. Epidemien oder andere schlimme Ereignisse als Ursachen für „massenhafte" Todesfälle in der Bezirksstadt sind nicht bekannt.

Festzuhalten ist, dass wegen falscher Planung nicht genügend Särge zur Verfügung standen.

Eine völlig andere Situation trat nach der Wende auf und macht den Unterschied zwischen freier Marktwirtschaft und Planwirtschaft deutlich.

Marktwirtschaft – Eine Leiche und zwei Bestatter

Wer nicht wirbt, der verdirbt.
Andre Zeiten, andre Sitten.
Der Klügere gibt nach.

In einem kleinen Dorf des Landkreises Hildburghausen wurde der Johanniter-Unfalldienst von einer Familie zu einem Notfall gerufen. Der Patient hatte einen Schlaganfall erlitten und verstarb trotz aller ärztlichen Bemühungen. Der Notdienst telefonierte daraufhin mit einem Bestattungsunternehmen und bat um Abholung des Verstorbenen. Zwischenzeitlich hatte aber auch die Familie ein Bestattungsunternehmen mit der Bestattung beauftragt. Dies führte dazu, dass in der Folge plötzlich zwei Bestattungsunternehmen vor dem Trauer-Haus eintrafen und sich um die Abholung der Leiche stritten. Neuerdings fehlte es also nicht an Särgen, sondern an der ausreichenden Anzahl von Leichen.

Was macht nun so ein Fall vor dem Landgericht, Kammer für Handelssachen. Es war der Streit der beiden Bestattungsunternehmen untereinander wegen unlauterem Wettbewerb. Das erstere Unternehmen habe in wettbewerbswidriger Weise mit dem Notfalldienst zusammengearbeitet und sich so unlauter Bestattungsaufträge erschlichen. Das sei sittenwidrig. Es sei daher zur strafbewehrten Unterlassung verpflichtet und dazu zu verurteilen.

Diese Auffassung hat das Landgericht geteilt und den Mitbewerber unter Androhung von Sanktionen zur Unterlassung verurteilt. Das Urteil wurde rechtskräftig. Dem Notfalldienst war klar zu machen, dass er Neutralität zu wahren hat und keine Aufträge zu Gunsten eines bestimmten Unternehmens vermitteln darf. Die Bestattungsunternehmen stehen im Wettbewerb. Weitere Fälle zeigen, dass gerade zwischen den Bestattungsunternehmen ein harter Wettbewerb und Konkurrenzkampf besteht.

Den Bestattungsauftrag realisiert hat in dem vorliegenden Fall das Unternehmen, das von den Angehörigen des Verstorbenen den Auftrag zur Bestattung erhalten hat. Es gilt das Motto: „Wer die Musikanten bestellt, hat sie auch zu bezahlen."

Festzuhalten bleibt also, dass im Unterschied zu dem zuvor geschilderten Fall aus der sozialistischen Planwirtschaft keine Särge, sondern hier in der Marktwirtschaft Leichen fehlten.

Neuentwicklung – Motorgrill

Zeit ist Geld.
Was lange währt, wird endlich gut.

Die Entwicklung und die Produktion eines neuen Elektro-Grills in dem Kombinat Elektrogeräte war eine enorme Kraftanstrengung in der DDR. Die erforderlichen Zulieferteile standen größtenteils nicht, jedenfalls nicht ausreichend zur Verfügung. Mit Hilfe des Staatlichen Vertragsgerichts sollten deshalb Lieferverträge mit einer Vielzahl von Betrieben über die unterschiedlichsten Teile gestaltet werden. Von zirka 150 Teilen des Grills hat das Vertragsgericht damals in etwa 120 Verfahren Verträge zwangsweise mit Zulieferbetrieben gestaltet. Dies war aufgrund der Auslastung der Betriebe außerordentlich schwierig und dauerte vor allem sehr lange.

Das Typische von Neuentwicklungen ist aber, dass diese möglichst bald auf den Markt kommen, weil sie ansonsten zu teuer werden und die Gefahr besteht, dass das neu entwickelte Produkt zwischenzeitlich schon wieder überholt ist. Schließlich wurde der Elektrogrill doch noch in die Produktion eingeführt und als große Errungenschaft im Handel gefeiert. Dass man für die Innovation von Produkten die Hilfe des Vertragsgerichts in einem solchen Umfang benötigt, kann nicht der richtige Weg sein und zeigt die Unzulänglichkeiten der Planwirtschaft auf.

Der Elektro-Motorgrill war übrigens bei den Verbrauchern sehr begehrt und qualitativ hochwertig. Allerdings bleibt der Umstand, dass er, wie bei vielen anderen Produkten auch, nicht bedarfsgerecht bereitgestellt werden konnte.

Neuentwicklung – Weck-Radio

Wer Handel treibt, muss freundlich sein.
Klappern gehört zum Handwerk.
Augen auf, Kauf ist Kauf.

Der VEB Mikroelektronik Anna Seghers Neuhaus entwickelte Anfang der 1980er Jahre ein LCD Radio – Clock 2001. Es handelte sich dabei um einen elektronischen Rundfunkempfänger mit UKW und Mittelwelle, der eine Reihe unterschiedlicher Funktionen aufwies. So konnte man mehrere Weckzeiten

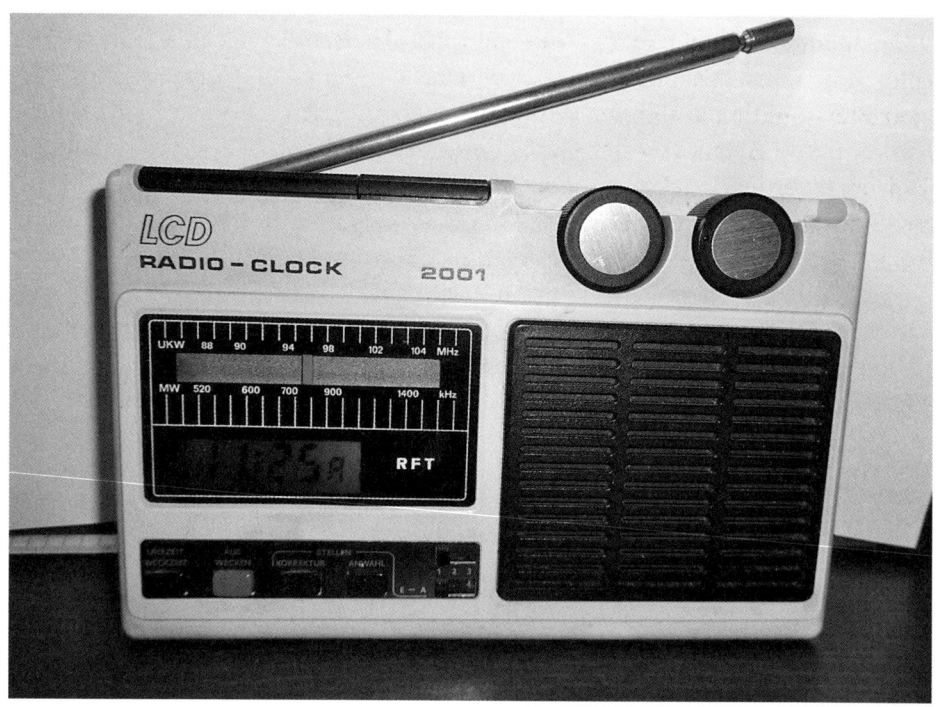

hintereinander einstellen, sich per Hup-Ton oder mit Musik wecken lassen, dies differenziert korrigieren, Ohrhörer nutzen und einiges mehr. Das LCD Radio wurde dem Handel angeboten und vertraglich gebunden.

Ein Großhandelsbetrieb Technik (GHG Technik) reklamierte beim VEB Mikroelektronik das Gerät als nicht qualitätsgerecht, weil es zu schwierig zu bedienen sei. Er habe bereits von Kunden entsprechende Reklamationen erhalten. Die GHG Technik berechnete dem Betrieb dafür Preissanktionen wegen nicht qualitätsgerechter Leistung. Der VEB Mikroelektronik konnte das nicht nachvollziehen. Er bestritt das Vorliegen eines Mangels und verweigerte die Bezahlung der Sanktion. Möglicherweise seien die Reklamationen bestimmter Kunden darauf zurückzuführen, dass ihnen das Produkt durch den Handel nicht richtig erklärt worden sei oder sie die Anleitung nicht gelesen hätten.

In dem hierzu vor dem Vertragsgericht durchgeführten Verfahren zwischen der GHG Technik und dem VEB Mikroelektronik erläuterte ein Ingenieur des Betriebes in der Verhandlung die Bedienung des Gerätes. Er zeigte, dass es relativ einfach zu handhaben ist und eine hohe Gebrauchseigenschaft besitz. Mangelhaft sei es jedenfalls nicht. In der Bedienungsanleitung würden alle Funktionen verständlich erläutert. Das Gericht hat die Klage auf Zahlung von Preissanktionen mit der Begründung abgewiesen, dass ein Mangel nicht vorliegt. Die Bedienung des Gerätes sei weder fehlerhaft noch zu schwierig. Bei hochwertigen elektronischen Erzeugnissen müsse man sich mit der Bedienungsanleitung befassen. Eine Berufung gegen diese Entscheidung gab es nicht. Auch Beschwerden der Kunden sind nicht bekannt.

Der Autor hat später selbst ein derartiges Weck-Radio käuflich erworben. Wenn schon ein Richter, ein Beamter, in der Lage ist, dieses Gerät zu bedienen, kann die Nutzung nicht zu schwierig sein. Das Radio funktioniert heute noch. Ich höre aber schon manchen Leser fragen, wozu braucht ein Richter (Beamter) ein Weck-Radio? Er hat doch freie Arbeitszeit, keinen unmittelbaren Dienstvorgesetzten und ist unabhängig. Das ist natürlich eine große Errungenschaft und Ausdruck der richterlichen Unabhängigkeit. Anders war die Arbeit des Richters in der DDR. Hier gab es feste Arbeitszeiten und keine Unabhängigkeit. Der Leser wird aber allein anhand der Fallbeispiele erkennen, dass der Richter in beiden Systemen gut beschäftigt ist.

Übrigens, vergleichbare elektrische Geräte werden heute größtenteils schon von Kindern bedient. Damals bestand offensichtlich auch noch eine gewisse Abneigung gegenüber der Elektronik.

Fehlmengen / Transportbruch

Siehe dich für, Schaum ist kein Bier!
Was alle hassen und was alle lieben, muss man prüfen.
Wer nie einmal betrogen wurde, kann kein Kenner
von Geschäften werden.

Eine der auffälligsten Unterschiede im Gegenstand der Rechtsstreitigkeiten des Staatlichen Vertragsgerichts und der Kammer für Handelssachen des Landgerichts besteht aus Sicht des Autors des Buches darin, dass aufgrund der Mangelwirtschaft in der DDR in starkem Maße bei der Lieferung von Erzeugnissen zwischen Unternehmen Fehlmengen auftraten. Dies vor allem bei lukrativen Produkten, die sehr begehrt und knapp waren. Auffallend war auch der Zeitpunkt verstärkter Fehlmengen, nämlich in der Weihnachtszeit, zu Ostern und in der Urlaubszeit. Das galt auch für verstärkten Transportbruch bei begehrten

Konsumgütern, wie zum Beispiel bei hochwertigeren Spirituosen. Einige Fallbeispiele aus der Spruch-Praxis des Vertragsgerichts sollen das verdeutlichen. Hingegen traten in der Kammer für Handelssachen beim Landgericht kaum derartige Problemfälle auf, wenn, dann waren diese eher zu vernachlässigen. Häufiger waren nunmehr die Verletzung von Kontroll- und Anzeigepflichten hinsichtlich qualitativer Fragen. Fallbeispiele werden weiter unten genannt.

Schlagbohrmaschinen

Sehr begehrt und knapp waren in der DDR Schlagbohrmaschinen. Da diese nicht bzw. nicht einfach zu erwerben waren, hatte sich ein Kunde dafür entschieden, statt der einzeln benötigten Bohrmaschine, den ganzen angebotenen Werkzeugschrank des Werkzeugkombinates Schmalkalden mit der Bohrmaschine zu erwerben. Als er zu Hause die große Verpackung mit dem Werkzeugschrank öffnete, war alles enthalten, nur die Bohrmaschine nicht. Sehr, sehr ärgerlich. In dem Prozess vor dem Vertragsgericht war nun zwischen dem Werkzeughersteller und dem Handelsbetrieb streitig, ob die Bohrmaschine überhaupt in dem Werkzeugschrank war bzw. wo sie eventuell entwendet wurde. Nicht ganz ausgeschlossen wurde auch die Möglichkeit, dass der Kunde selbst die Bohrmaschine entfernt hat, um auf diese Weise in den Besitz einer weiteren Schlagbohrmaschine zu kommen.

In dem konkreten Einzelfall wurde die Reklamation des Handelsbetriebes durch das Gericht anerkannt und die geforderte Ersatzlieferung der Bohrmaschine durch den Betrieb entschieden. Die Reklamationen waren vom Kunden über den Handelsbetrieb bis in den Produktionsbetrieb zeitnah, unverzüglich und ohne Auffälligkeiten erhoben worden. Es war jedoch klarzustellen, dass die Überprüfung der Waren auf Vollständigkeit und Qualität unmittelbar bei Wareneingang und beim Kauf zu erfolgen hat. Ansonsten ist der Nachweis einer Fehlmenge grundsätzlich nicht mehr schlüssig zu führen.

Kunstgewerbe-Artikel

Handgeschnitzte Holzfiguren (z. B. Weihnachtsfiguren) aus dem VEB Rhönkunst waren in der DDR sehr gefragt. Gerade in der Weihnachtszeit wurden vom Handelsbetrieb, Kombinat Waren täglicher Bedarf (WtB), verstärkt Fehlmengen beim Eingang von Lieferungen gerügt. Wo diese auftraten, blieb meist unklar. Der Lieferbetrieb versicherte, dass die Erzeugnisse vollständig verpackt und versandt wurden. Der Handelsbetrieb behauptete, dass die Artikel beim Öffnen der Paletten und Kartons fehlten. Auch die beteiligten Transportunternehmen wiesen jede Schuld an dem Verlust der Artikel von sich. In derartigen Verfahren vor dem Vertragsgericht zwischen dem Kombinat WtB und dem VEB Rhönkunst blieb meist nur eine Beweislast-Entscheidung. „Wer etwas will, muss es beweisen". Hier den Umstand, dass die Artikel vollständig eingegangen sind. Was bei einer unverzüglichen Reklamation schwierig war.

Werkzeuge, Scheren, Gartengeräte und Kohlen

In der „Hitliste" fehlender Artikel bei der Lieferung von Konsumgütern waren insbesondere auch die verschiedensten Werkzeuge des VEB Werkzeugkombinat Schmalkalden sowie Gartengeräte und Scheren des VEB Gartengeräte Steinbach-Hallenberg zu finden. Wo diese verloren gingen und worin die Ursachen für die Fehlmengen lagen, war kaum festzustellen. Die Situation war Ausdruck der bestehenden Mangelwirtschaft und des nicht gedeckten Bedarfs der Bevölkerung. Juristisch waren in den Verfahren vor dem Vertragsgericht nur Beweislast-Entscheidungen möglich. Kurios ist in diesem Zusammenhang auch der Verlust eines ganzen Waggons mit Kohlen. Dieser wurde nach zirka einem Jahr auf einem Abstellgleis in Eisenach wieder gefunden.

Sportschuhe

Der Deutsche Turn- und Sportbund (DTSB), Kreisvorstand I. forderte von dem Einzelhandelsbetrieb HO Zahlungen in Höhe von zirka 1.500 Mark mit der Begründung zurück, dass bei der Lieferung von Sportschuhen 23 Paar Einlaufschuhe gefehlt hätten. Mitglieder des DTSB hätten die Schuhe im Magnet-Kaufhaus der HO abgeholt. Die Fehlmenge sei erst später bei der Kontrolle des Lagerbestandes festgestellt worden. Seitens der HO wurde das Vorliegen der Fehlmenge bei Warenübergabe an den DTSB bestritten und die Forderung abgelehnt.

Ein unterschriebener Lieferschein existierte nicht. Die zur Lieferung gehörende Rechnung wurde vom DTSB in voller Höhe bezahlt. Erst anlässlich des Halbjahresabschlusses stellte der DTSB einen Minus-Bestand von 23 Paar Einlaufschuhen in seinem Lagerbestand fest und mutmaßte, dass die Fehlmenge bei der Lieferung entstanden ist.

Das Gericht hat die Klage des DTSB gegen die HO abgewiesen, weil er seiner Pflicht zur sofortigen Überprüfung und Anzeige der Fehlmenge nicht nachgekommen ist. Ihm war die Kontrolle möglich und zuzumuten. Die vermeintliche Abweichung der Liefermenge von der in der Rechnung ausgewiesenen Stückzahl hätte sofort festgestellt werden können. Der DTSB konnte nicht ausschließen, dass die Fehlmenge auch in seinem Verantwortungsbereich aufgetreten ist. Bei den Sportlaufschuhen handelte es sich in der DDR um sehr begehrte Artikel und diese Tatsache weckte Begehrlichkeiten.

Transportbruch

In der DDR galt der Grundsatz: „Von der Straße auf die Schiene". So wurden auch Spirituosen des VEB Nordbrand Nordhausen mit der Bahn zum Handelsbetrieb Kombinat WtB versandt. Dabei kam es zeitweise zu erheblichem Transportbruch. Streitig war meist, ob die Ursache für die zerbrochenen Schnapsflaschen in einer unzureichenden Verpackung (eingeschweißt in Folien auf Paletten), in Rangierstößen während des Transportes durch die Bahn oder in der absichtlichen Manipulation durch Mitarbeiter lagen. Eigenartig war der Umstand, dass die größten Transportschäden und Verluste (Flaschenbruch) bei den hochwertigeren Spirituosen für den Verkauf im Intershop oder in den Delikat-Läden auftraten, jedenfalls angezeigt wurden.

Arbeitskräfte für den Winterdienst

Jedes Ding zu seiner Zeit.
Von nichts kommt nichts!
Dem fleißigen Hamster schadet der Winter nichts.
Wer spart, wenn er hat, der findet, wenn er braucht.

In der dritten vollen Oktoberwoche gab es in der DDR in den Volkseigenen Betrieben, Kombinaten und Einrichtungen sowie in den Genossenschaften und anderen Betrieben jährlich die „Woche der Winterbereitschaft und des Brandschutzes" (Winterordnung vom 12. November 1970). Die Betriebe und Einrichtungen waren angehalten, in dieser Woche zu überprüfen, inwieweit sie für den Winter gerüstet und welche Maßnahmen zur Absicherung noch erforderlich sind. Das bezog sich sowohl auf die ausreichende Bereitstellung von Brennstoffen, als auch auf die Absicherung des Winterdienstes im Allgemeinen.

RABE

Insbesondere waren aber die Auflagen der örtlichen Räte zur Bereitstellung zusätzlicher Arbeitskräfte und Technik für das Verkehrswesen und die Energiewirtschaft vertraglich bis zum 15. Oktober für die kommende Winterperiode in der Zeit vom 15. November bis 31. März abzuschließen.

Das Vertragsgericht hatte bei der Weigerung der Betriebe, Arbeitskräfte und Technik abzustellen, Verträge zwangsweise zu gestalten und Sanktionen für den Fall von Vertragsverletzungen festzulegen. Die Bereitstellung von Arbeitskräften und Lkws war für die Betriebe eine große Belastung. Diese wurden in der Regel dringend für die eigene Produktion benötigt. Außerdem gab es derartige Auflagen an die Betriebe nicht nur für den Winterdienst, sondern auch für die Kohleförderung, für die Deutsche Reichsbahn zur Aufrechterhaltung der Transporte (z. B. Gleise und Weichen von Schnee und Eis befreien), für die Post und für andere Wirtschaftsbereiche. Im Sommer galt es Arbeitskräfte, Fahrzeuge und andere Technik für die Ernte abzustellen.

Der Leser kann sich sicher vorstellen, dass es zu diesem Aufgabengebiet beim Vertragsgericht jährlich eine Vielzahl von Verfahren gab. Nicht immer erfreulich!

Die „Woche der Winterbereitschaft" ist aber grundsätzlich eine gute Sache. Dadurch werden Betriebe, Einrichtungen und die Bürger zur Wintervorsorge angehalten. Für mich persönlich ist sie heute noch ein Anlass, Vorbereitungsarbeiten für die Winterzeit zu treffen. Das heißt für meinen privaten Haushalt zum Beispiel ausreichend Öl in den Keller, Streusalz und Schneeschieber bereitstellen, Goldfische rein, Gartentische und Gartenbänke in den Schuppen verfrachten und vieles mehr. Arbeitskräfte werden aber für mich nicht abgestellt, leider! Ich könnte sie gut gebrauchen.

Ein VEB wurde zum Beispiel vom Vorsitzenden des Rates des Kreises zur Bereitstellung einer bestimmten Anzahl von Arbeitskräften für die Sicherung des Winterdienstes im folgenden Winterhalbjahr und zum Abschluss eines Vertrages hierüber mit der Deutschen Reichsbahn beauflagt. Der VEB verweigerte den Vertragsabschluss mit der Begründung, dass die Auflage nicht fristgerecht zum 30. Juni des laufenden Jahres erfolgt sei und er die Arbeitskräfte dringend selbst zur Erfüllung seiner Produktionsaufgaben benötige.

Das Vertragsgericht verurteilte den Betrieb zum Vertragsabschluss. Die Auflagen staatlicher Organe zur Sicherung des Winterdienstes an VEB waren für diese verbindlich und begründeten eine spezielle Vertragsabschlussverpflichtung. Die nicht fristgerechte Erteilung der Auflagen befreite die Unternehmen nicht von der Verpflichtung zum Vertragsabschluss. Bei der Frist handelte es sich um eine Ordnungsfrist. Gleiches gilt grundsätzlich auch für den Einwand, dass die Arbeitskräfte im Betrieb selbst benötigt werden. Dies war bereits bei der Auftragserteilung zu prüfen und gegebenenfalls zu berücksichtigen. In Abwägung der Aufgaben des Betriebes mit den volkswirtschaftlichen Belangen zur Sicherung des Winterdienstes war die Abstellung von Arbeitskräften durch den Betrieb häufig geboten und grundsätzlich auch möglich.[4]

Die Kabarettisten in der DDR fragten damals häufig nach den Hauptfeinden des Sozialismus. Das waren der Frühling, der Sommer, der Herbst und natürlich der Winter.

Transport

Wagenstandgeld

Zeit ist Geld.
Eine gute Ausrede ist drei Batzen wert.
Gemeinnutz geht vor Eigennutz.

In der DDR gab es aufgrund knapper Transportkapazitäten und der Umwelt zuliebe den Grundsatz: „Von der Straße auf die Schiene". Die Industrie- und Konsumgüter sowie der andere Transportbedarf sollten grundsätzlich mit der Bahn transportiert bzw. abgesichert werden. So wurden beispielsweise für den Transport der Kleinkraftfahrzeuge des Simson Werkes mit der Bahn extra Transportgestelle gebaut und eingesetzt. Dies war auf vielen Gebieten ähnlich.

Für den Fall der Nichteinhaltung der Be- bzw. Entladefristen für die Waggons berechnete die Deutsche Reichsbahn den Transportkunden Wagenstandgeld in erheblicher Höhe, gegen das keine Entlastung möglich war. Nur Umstände unabwendbarer Gewalt bzw. Eigenverursachung durch die Bahn verhinderten die Zahlungsverpflichtung der Betriebe bei Überschreitung. Das war natürlich nur äußerst selten der Fall bzw. nachzuweisen.

Grenzblick – Wagenstandgeld BHG

Außer dem Licht wird nichts auf Erden so oft gebrochen wie das Recht.
Lässt Gewalt sich blicken, geht das Recht auf Krücken.
Macht geht vor Recht.

Die Deutsche Reichsbahn berechnete der Bäuerlichen Handelsgenossenschaft R. (BHG) wegen Überschreitung der Ladefristen für die bereitgestellten Waggons Wagenstandgeld in erheblicher Höhe. Die BHG versorgte das landwirtschaftliche Gebiet, nämlich die Landwirtschaftsbetriebe, das Agrochemische Zentrum (ACZ), Baubetriebe (ZBO) sowie die Bevölkerung und andere Einrichtungen mit landwirtschaftlichen Produkten, Baustoffen, Düngemitteln, Brennstoffen und weiteren Erzeugnissen. Hierfür betrieb sie einen großen Warenumschlag und hatte auf dem Anschlussgleis unter anderem die von der DR bereitgestellten Waggons zu entladen und zu beladen. Dabei kam es des Öfteren zur Überschreitung der gültigen Ladefristen für die Waggons. Sie wurden an die Bahn verspätet zurückgegeben.

In dem hierzu beim Vertragsgericht geführten Rechtsstreit der DR gegen die BHG zur Durchsetzung des Wagenstandgeldes wandte die BHG ein, dass ihre Kapazitäten zur Entladung der Waggons vollständig ausgeschöpft seien. Mehr und schneller könne sie diese nicht entladen. Sie trage für die Versorgung des Territoriums eine große Verantwortung. Das liege im gesellschaftlichen Interesse. Ladefristüberschreitungen müssten daher in bestimmtem Umfang in Kauf genommen werden. Andererseits bestünde die Möglichkeit, die Entladekapazität zu vergrößern und die Produkte stabil umzuschlagen, wenn die Fahrerkabine des neu installierten Portalkrans, wie es offensichtlich vorgesehen sei, anders angebracht werde. Der Kranführer könne so höhere Leistungen pro Stunde erbringen. Auf die Frage des Gerichts, warum man das denn nicht tue, nämlich das Fahrerhaus des Kranes entsprechend der Konstruktionsunterlagen und der Bedienungsanleitung anders herum installiere, führte die BHG aus, dass dies nicht gehe. Das sei ihr untersagt, weil der Kranführer in diesem Fall einen Blick direkt auf die Grenze habe. Das Grenzregime verbiete das.

Das Gericht hat die BHG zur Zahlung des Wagenstandgeldes verurteilt. Ein unabwendbares Ereignis im Sinne des Gesetzes ist das nicht.

Ohne Worte!

Wirtschafts-Sanktions-Verfahren

Eine gute Ausrede ist drei Batzen wert.
Reue kommt langsam, aber gewiss.

Ein absoluter Schwerpunkt in der Arbeit des Vertragsgerichts bestand in der Durchführung von Wirtschaftssanktionsverfahren gegen Betriebe des Einzelhandels, die das festgelegte Grundsortiment nicht ständig führten. Dies betraf zum Beispiel Trinkvollmilch, Brot und Brötchen, Getränke, Obst und Gemüse und andere Grundnahrungsmittel. Mit geballter Kraft und Macht sollten Versorgungslücken bekämpft und Probleme gelöst werden. Eine Illusion, dass mit diesen spontanen Verfahren die Grundprobleme in der Versorgung der Bevölkerung der DDR geklärt werden konnten.

Aus durchgeführten Sortimentskontrollen ergab sich des Öfteren, dass Handelsbetriebe Milch oder Brötchen bei Ladenschluss um 19:00 Uhr bereits um 17:00 Uhr oder früher nicht mehr im Angebot hatten. Ursächlich hierfür war oft nicht nur ein unzureichendes Lieferangebot, sondern häufig auch ein falsches Bestellverhalten sowie unzureichende Maßnahmen zur Sicherung des Sortiments durch die Handelsbetriebe selbst. Mit den Wirtschaftssanktionen sollte auf die Sicherung der Versorgung der Bevölkerung Einfluss genommen werden.

Bei den nachfolgend aufgeführten Fällen, habe ich nicht nur auf eigene Verfahren, sondern zur Verdeutlichung der Problematik auch auf Sachverhalte anderer Vertragsgerichte zurückgegriffen, die veröffentlicht wurden. Ähnliche Begebenheiten spielten aber auch in meinen Verfahren eine Rolle.

Trinkvollmilch

Eine Verkaufsstelle, die nach dem festgelegten Grundsortiment Trinkvollmilch zu führen hat, erfüllt diese Pflicht nur, wenn sie diese durchgehend im Angebot hat. Die Pflicht ist nicht erfüllt, wenn die Verkaufsstelle nur Milch aus der Herstellung vom Vortag führt.

Dies war in einem konkreten Fall gegeben. Der Leiter der Kaufhalle begründete das unter anderem damit, dass nicht vorhersehbare Bedarfsschwankungen zu Restbeständen an Milch geführt hätten, die am Herstellungstag nicht mehr verkauft werden konnten. Um Handelsverluste zu vermeiden seien von dieser Milch Kochproben gemacht worden. Soweit sich die Milch als kochfest erwiesen habe, werde sie als Trinkvollmilch preisgemindert angeboten. Auf die Bestellung frischer Milch bei der Molkerei wurde verzichtet, so dass Frischvollmilch an verschiedenen Tagen gänzlich im Angebot der Kaufhalle fehlte.

Das Gericht hat den Handelsbetrieb deshalb wegen unzureichend geführtem Grundsortiment zur Zahlung einer Wirtschaftssanktion in Höhe von 1.000 Mark verurteilt. Vortagsmilch hat ihren Trinkvollmilchcharakter verloren und muss laut TGL 2760 als „saure Milch" ausgewiesen und angeboten werden. Aufgrund der Bedeutung der Trinkvollmilch als wichtiges Grundnahrungsmittel, das in beträchtlichem Umfang an Säuglinge und an Kinder verabreicht wird, sind lebensmittelhygienisch daran hohe Anforderungen zu stellen.[5]

In einem anderen Fall hatte die Verkaufsstelle ab 17:30 Uhr keine Milch und ab 17:50 Uhr kein Brot mehr im Angebot. Die Verkaufsstelle schloss planmäßig um 19:00 Uhr. Die Verkaufsstelle rechtfertigte das damit, dass infolge der planmäßigen Schließung einer in unmittelbarer Nähe befindlichen Verkaufsstelle ein erhöhter Abkauf eingetreten sei. Dieser Umstand sei bei der Bestellauslösung gegenüber den Lieferanten unberücksichtigt geblieben. Leider sei das durch die unzureichend besetzte Nachmittagsschicht in der Verkaufsstelle nicht festgestellt und beachtet worden.

Der Einzelhandelsbetrieb wurde zur Zahlung einer Wirtschaftssanktion in der für diesen Fall zulässigen Maximalhöhe von 1.000 Mark verpflichtet. Die Sicherung einer stabilen Versorgung der Bevölkerung mit Grundnahrungsmitteln (Milch, Brot) erfordert es, dass die Verkaufsstellen operativ auch auf Bedarfsschwankungen reagieren und kurzfristig Zusatzlieferungen organisieren (flexible Bestell- und Lieferrhythmen). Der Handelsbetrieb hatte vor allem seine Kontrollpflicht über das Abkaufverhalten verletzt.[6]

Kaffee-Ausschank

Im Rahmen einer unangekündigten Sortiments-Kontrolle wurde festgestellt, dass eine Konditorei mit Kaffeeausschank über eine längere Zeit den Kaffeeausschank eingestellt hatte. Sie begründete ihr Verhalten damit, dass die Kaffeemühle defekt sei. Ersatz stehe der Konditorei nicht zur Verfügung. Konkrete Maßnahmen zur Beseitigung und Klärung dieser Situation wurden nicht eingeleitet, jedenfalls nicht nachgewiesen. Das Vertragsgericht sprach dafür eine Wirtschaftssanktion aus. Konditoreien mit Kaffeeausschank sind Spezialgaststätten. Ihre Versorgungsaufgabe bestand gerade darin, im Grundsortiment neben Back- und Konditoreiwaren auch Kaffee ständig zu führen und auszuschenken. Der vorübergehende Ausfall technischer Einrichtungen befreit den Handelsbetrieb davon nicht. Vielmehr müssen Maßnahmen zur Beseitigung der Situation ergriffen werden.[7]

Ein derartiger Fall ist heute unter marktwirtschaftlichen Gegebenheiten undenkbar. Es bedarf keiner Wirtschaftssanktion zur Sicherung des Kaffee-Ausschankes in einer Konditorei. Das ist das ureigenste Interesse des Inhabers und Grundvoraussetzung für das Bestehen seines Geschäfts, z. B. „caffee to go".

Kaffee-Automaten-Vertrieb

In völligem Gegensatz dazu steht der Sachverhalt, dass nach der Wende ein Handelsvertreter für einen Hersteller aus den alten Bundesländern Kaffee-Automaten vertrieb. Er war besonders geschäftstüchtig und verkaufte diese Automaten in großer Anzahl in gehobener Preisklasse an viele Kleingewerbetreibende des Gerichtsbezirks. Dabei handelte es sich um Bäckereien, Konditoreien, Fleischereien, Gaststätten, industrielle Unternehmen und Privatpersonen. Im Nachhinein wollten viele dieser Geschäftspartner sich von den abgeschlossenen Verträgen lösen, weil ihnen die Maschinen zu teuer erschienen und an ihrem Bedarf vorbeigingen. Derart hochwertige und teure Kaffee-Automaten benötigten sie eigentlich gar nicht. Sie seien bei den Kaufverhandlungen getäuscht worden und fochten den Vertrag an. Das betraf zirka 40 Verfahren vor der Kammer für Handelssachen des Landgerichts. In der Regel waren die Klagen jedoch nicht begründet, weil es sich meist um „Kaufreue" handelte und die Fleischer, Bäcker, Gastwirte schon wussten, was sie kauften und auch kaufmännisch kalkulieren konnten, anders als vielleicht „Tante Emma". Der Handelsvertreter schoss teilweise aber über das Ziel hinaus und handelte gegen die „guten Sitten". So verkaufte er zum Beispiel einer Dame einen Kaffee-Automaten für zirka 8.000 DM für eine Gaststätte, obwohl diese weder ein Gaststätte noch eine Gewerbeerlaubnis zum Betrieb hatte. In diesem Fall hob das Gericht den Kaufvertrag auf, was auch nicht weiter angegriffen wurde.

Wie „tüchtig" der Handelsvertreter war, zeigt sich auch daran, dass dieser dem Richter in der Verhandlungspause ein Angebot über einen Kaffee-Automaten für das Gericht unterbreitete. Dieser würde hier fehlen.

Wie recht er hatte!

Ein Kaffee-Automat wurde vom Gericht allerdings nicht gekauft.

Obst und Gemüse

Schließlich wurden in einer Verkaufseinrichtung der Konsumgenossenschaft im Vergleich zum Sortiments- und Leistungskatalog Angebotslücken bei Obst und Gemüse festgestellt. In dem vom Vertragsgericht eingeleiteten Wirtschaftssanktionsverfahren erklärte die Konsumgenossenschaft, dass die Verkaufsstelle einen wesentlichen Teil ihres Bedarfs bei Frischobst und Frischgemüse durch den Aufkauf bei Kleingärtnern abdecke. An den Kontrolltagen seien jedoch die zum Kauf angebotenen Mengen bei den betroffenen Kulturen unter den Erwartungen geblieben. Der Großhandelsbetrieb Obst Gemüse Speisekartoffel (OGS) war bei den betroffenen Frischobst- und Gemüsekulturen zu diesem Zeitpunkt lieferfähig. Die Verkaufsstelle hatte es unterlassen, Bestellungen über das betroffene Obst- und Gemüse beim Großhandel auszulösen.

Das Vertragsgericht sprach gegen die Konsumgenossenschaft eine Wirtschaftssanktion aus, weil die Verkaufsstelle trotz Liefermöglichkeit des Großhandels das Grundsortiment bei Obst und Gemüse zum Zeitpunkt der Sortimentskontrolle nicht führte. Wenn die volle Versorgung durch den Ankauf von Obst und Gemüse bei Kleinerzeugern nicht erreicht werden kann, ist das Angebot des Großhandels zu nutzen. Das war hier nicht der Fall.[8]

Tomaten, Blumenkohl und Äpfel

Wegen des Fehlens von Tomaten, Blumenkohl und Äpfeln im August 1985 in mehreren Verkaufsstellen eines Handelsbetriebes aus dem Gerichtsbezirk und nichtbestellter Rote Beete, Sauerkraut, Sellerie und Äpfel verhängte das Vertragsgericht gegen den Handelsbetrieb eine Wirtschaftssanktion in Höhe von 1.000 Mark. Begründet hatten die Verkaufsstellen das damit, dass die Kontrolle unmittelbar vor der nächsten Anlieferung erfolgte und in einem Fall auf Grund der Neueröffnung des Geschäfts eine erhöhte Kundennachfrage vorgelegen habe. Das entlastete den Handelsbetrieb vorliegend jedoch nicht. Anlieferungszeiten und höhere Nachfragen bei Geschäftsneueröffnungen waren bei den Bestellungen der Verkaufsstelle zu berücksichtigen.

Kindergerichte nicht im Angebot

Durch Kontrollen der ABI (Arbeiter-und-Bauern-Inspektion) wurde festgestellt, dass in einigen Speisegaststätten des Gaststättenbetriebes keine speziellen Kindergerichte angeboten wurden. Als Ursache hierfür führte der Gaststättenbetrieb an, dass die Herstellung spezieller Kindergerichte einen hohen Arbeitsaufwand erfordere und die notwendigen Arbeitskräfte nicht zur Verfügung stünden. Das fehlende Angebot an Kindergerichten sei aber dadurch ausgeglichen worden, dass auf Wunsch der Gäste die Gaststätte halbe Portionen als Kindergericht anbiete.

Der Gaststättenbetrieb wurde vom Vertragsgericht zur Zahlung einer Wirtschaftssanktion verpflichtet, weil er seiner Verpflichtung zur bedarfsgerechten Versorgung der Bevölkerung nicht ordnungsgemäß nachgekommen ist. Entsprechend ihres Versorgungsauftrages hatte die Gaststätte mindestens ein Kindergericht zu führen. Das wurde nicht durch das Angebot halber Portionen ersetzt bzw. erfüllt. Die Verpflichtung ist nur erfüllt, wenn speziell für Kinder zubereitete Gerichte angeboten werden, die sich in ernährungsphysiologischer Hinsicht für Kinder eignen. Davon befreien die Gaststätte auch Arbeitskräfteprobleme nicht.[9]

Selbst ist der Mann – Verkauf an Betriebsangehörige

Sortimentskontrollen ergaben in verschiedenen Verkaufseinrichtungen mehrere Angebotslücken. Der Bedarf der Bevölkerung konnte von den Verkaufseinrichtungen bei bestimmten, begehrten Erzeugnissen nicht gedeckt werden. Die Lücken im Warenangebot waren auch dadurch bedingt, dass die vom Großhandel gelieferten Waren vorrangig an Betriebsangehörige und nicht im Laden verkauft wurden.

Wegen dieses Sachverhalts hat das Vertragsgericht den Einzelhandelsbetrieb zur Zahlung einer Wirtschaftssanktion verpflichtet. Der Verkauf von Waren an Betriebsangehörige war nur im Umfang des persönlichen Bedarfs bzw. des Bedarfs im eigenen Haushalt zulässig. Das galt vor allem bei Erzeugnissen, die mit dem Plan nicht entsprechend dem Bedarf bereitgestellt werden konnten (z. B. Vorbestellsystem). Der Handelsbetrieb hatte es unterlassen, eine mengenmäßige Begrenzung des Verkaufs dieser Waren an Betriebsangehörige vorzunehmen. Dies führte zu Versorgungslücken („Verkauf unterm Ladentisch").[10]

Wirtschaftssanktionsverfahren gegen Handelsbetriebe wegen Sortimentsverletzungen habe ich sehr ungern durchgeführt. Die Versorgungsprobleme, gerade bei Obst und Gemüse, lagen nicht vordergründig im Bestellverhalten der Handelsbetriebe. In der DDR war gerade die Versorgung mit Obst und Gemüse in ansprechender Qualität und Menge ein großes Problem. Es klemmte auf vielen Gebieten. Absolut kein Vergleich mit dem Angebot in den heutigen Märkten. Vom Richter wurde die Durchführung von Wirtschaftssanktionsverfahren aber erwartet.

Kein Vergnügen!

Eine Gegebenheit soll noch erwähnt werden. Der Autor hat nach der Wende in dem Markt, in der sich früher die Verkaufsstelle befand, gegen die er zu DDR-Zeit wegen fehlender Brötchen um 17:30 Uhr eine Wirtschaftssanktion ausgesprochen hatte, das Fehlen von Brötchen um 16:30 Uhr beanstandet. Die Verkäuferin rechtfertigte das damit, dass es sich für sie nicht mehr lohnen würde, unmittelbar vor Ladenschluss das Fach noch einmal aufzufüllen.

Oha!

Wenn das der Marktleiter mitbekommt. Das hat sie sicher nicht so oft machen können. Der Unterschied zur DDR-Zeit bestand aber darin, dass jetzt die Möglichkeit besteht, Brötchen beim Handelskonkurrenten „frisch-Back" am Ein- bzw. Ausgang des Marktes zu kaufen. Versorgung gesichert.

Landwirtschaft

Emmentaler Käse

Etwas falsch machen, aber sich nicht bessern, das ist erst der Fehler.
Kurzes Gebet und lange Bratwürste haben die Bauern gern.
Ausnahmen bestätigen die Regel.

Die stabile Versorgung der Bevölkerung mit tierischen Nahrungsmitteln war in der DDR eine große Aufgabe. Das galt zum Beispiel für den Verkauf von Emmentaler Käse.

Dabei spielten die Leistungssteigerung je Tier und die Verbesserung der Rohmilchqualität durch eine bedarfsgerechte Bereitstellung von Futtermitteln sowie die ordentliche Stallhygiene eine große Rolle. Rohmilch, die z. B. infolge von Säurezahlabweichungen (SH-Zahl unter 6,0) in die Qualitätsklasse III eingestuft werden musste, war säurungsträge und damit nur bedingt verarbeitungsfähig. Das ist mit einer Verschlechterung der Produktionsausbeute, der Käsereitauglichkeit, der Produktionssicherheit und der Qualität der Trinkmilch sowie der Molkereierzeugnisse, insbesondere der Käseprodukte, verbunden. Silage- und Stallduft waren für die Rohmilch und die Käseherstellung nicht gerade das richtige Aroma. Das betrifft vor allem den Silage-Geruch. Silage war eines der Hauptfuttermittel in der DDR.

Aufgrund festgestellter Qualitätsprobleme bei der Lieferung von Rohmilch in einigen LPG Tierproduktion führte das Vertragsgericht damals ein komplexes Kooperationssicherungsverfahren zwischen dem VEB Emmentaler Käsewerk einerseits und einigen LPG Tierproduktion und einigen LPG Pflanzenproduktion andererseits als Grundsatzverfahren durch. Das sah die Verfahrensordnung des Staatlichen Vertragsgerichts (SVGVO) ausdrücklich vor.

Das Ziel des Verfahrens bestand insbesondere darin, die Ursachen für die Rohmilchqualitätsprobleme festzustellen und Maßnahmen zur Beseitigung festzulegen. Dabei zeigte sich, dass die Einflussfaktoren auf die Rohmilchqualität sehr vielschichtig und komplex waren. Sie reichten von Unzulänglichkeiten in der Futterwirtschaft bis zu Mängeln in der Milchproduktion (Milcherzeugung, Milchlagerung und Milchtransport). Untersucht wurden die Melkorganisation, die Stallordnung und die Stallhygiene, der Zustand der Rohrmelkanlagen,

einschließlich deren Bedienung und Reinigung, die Euterreinigung sowie die Futterlieferungen zwischen den Landwirtschaftsbetrieben.

Die Liefer- und Leistungsverträge über Futtermittel wurden dementsprechend neu gestaltet. Grundlage für die Bedarfsermittlung an energiereichen Grobfuttermitteln u. a. war die Berechnung des begründeten Bedarfs für die Grobfutter verzehrende Großvieheinheit (GRGV; RGV), nämlich die Milchkuh. Das zugrunde gelegte Gewicht beruhte auf Erfahrungswerten (500 kg/Kuh). Außerdem waren die Stabilisierung der Futterrationen, die Erhöhung der Prüfdichte der zum Einsatz kommenden Futtermittel und vieles mehr zu regeln. Es wurde eine Checkliste über wichtige Qualitätskriterien erarbeitet. Die LPG Pflanzenproduktion hatte Probleme bei der Lieferung der Futtermittel an ihren Vertragspartner, der LPG Tierproduktion. LPG Tier- und LPG Pflanzenproduktion waren ursprünglich ein genossenschaftliches Landwirtschaftsunternehmen und dadurch eng verbunden. Die nunmehr selbständigen LPG Pflanzenproduktion mussten eine Vielzahl weiterer Lieferverpflichtungen erfüllen. So hatten sie im Rahmen der propagierten Eigenversorgung mit Obst und Gemüse auch dieses zu liefern. Das galt ebenso für den Tabakanbau.

Die komplizierten Regelungen zur Fertigung von Emmentaler Käse waren der Trennung zwischen der LPG Tier- und der LPG Pflanzenproduktion geschuldet. Im Emmental war die Herstellung sicher einfacher. Heute schaut der Leser wahrscheinlich nur mit Unverständnis auf eine solche Situation. Bedarfslücken bei Emmentaler Käse gibt es nicht mehr. Der Käse kommt einfach aus dem Supermarkt.

Gut so!

Übrigens, ein Mitarbeiter der Molkerei äußerte am Ende des Verfahrens damals, dass manchmal mit der scheinbar schlechtesten Rohmilch der beste Käse hergestellt wird. Es ist eben Käse.

Rinder-Ohrmarken

Sobald Gesetz ersonnen, Betrug begonnen.
Wer nie einmal betrogen wurde, kann kein
Kenner von Geschäften werden.
Geld regiert die Welt.

Dem Verfasser ist in Erinnerung, dass in einem Verfahren zur Züchtung und den Verkauf von Jungrindern in der DDR nicht genügend Plaste-Ohrmarken zur Verfügung standen, um diese zu kennzeichnen und zu erfassen. In einem aufwendigen Vertragsgestaltungsverfahren wurden damals Entscheidungen getroffen, um die benötigten Ohrmarken zu liefern. Die Kühe hatten halt nicht mehr nur einen Namen (Elsa, Lotte, Lise o. a.), sondern Kennzeichen, in denen ihr „Lebenslauf" vermerkt und damit nachvollziehbar war.

Im Gegensatz dazu hat der Autor in der Kammer für Handelssachen einen Rechtsstreit geleitet, in dem völlig ausreichend elektronisch lesbare Ohrmarken für Jungbullen zur Verfügung standen, die aber vom Zuchtbetrieb und den beteiligten Schlachtbetrieben so manipuliert wurden, dass sie das von der EU mit Prämien besonders geförderte Schlachtgewicht binnen einer bestimmten Zeit erreichten. Sie wurden einmal der Förderung als Jungbullen und des Weiteren der Förderung als Zuchtbullen zugeführt, d. h., die Prämien wurden doppelt kassiert. Hierüber liefen Strafverfahren. Die Beteiligten wurden strafrechtlich zur Verantwortung gezogen.

Trinkwasser braun – Gülle in der Wasserleitung

Vorsicht ist besser als Nachsicht.
Leichtsinn und Torheit sind Nachbarn.
Wer Schaden tut, muss Schaden bessern.

Eine LPG Pflanzenproduktion verursachte durch die Begüllung von Flächen, die nicht in dem mit dem VEB Wasserversorgung und Abwasserbehandlung abgestimmten Gülle-Einsatzplan enthalten waren, eine Havarie in einer Trinkwasserversorgungsanlage. Der VEB Wasserversorgung forderte von der LPG den Ersatz des durch die Wasserverluste, Reinigungsarbeiten und Aufwendungen bei den Wasserentnahmen entstandenen Schadens. Die LPG wandte in dem Verfahren vor dem Vertragsgericht ein, dass die im Gülle-Einsatzplan enthaltenen Flächen bereits in einem solchen Umfang mit Gülle gedüngt worden seien, dass ein weiteres Ausbringen von Gülle zu einer Übergüllung geführt hätte. Durch den erhöhten Anfall von Gülle sei die außerplanmäßige Entleerung der Gülle-Behälter notwendig geworden, um ein Überlaufen der Behälter zu vermeiden. Das sei ein unabwendbares Ereignis und nicht vorhersehbar gewesen.

Das Vertragsgericht hat die LPG zum Schadenersatz verurteilt. Die Betriebe sind verpflichtet, alle möglichen Maßnahmen zu treffen, um eine Gefährdung der Gewässer auszuschließen. Diese Verpflichtung gilt insbesondere für Unternehmen, die Stoffe ausbringen, die aufgrund ihrer Beschaffenheit zu Gewässerverunreinigungen führen können. Das betrifft auch die Gülle. Hierzu waren Havarie-Dokumente auszuarbeiten. In dem vorliegenden Fall hatte die LPG ohne Genehmigung Wasserschadstoffe auf andere Weise in ein Gewässer gelangen lassen und dadurch eine Havarie in der Wasserversorgung verursacht. Das war nicht auf Umstände unabwendbarer Gewalt zurückzuführen. Bei ordnungsgemäßer Kontrolle der Gülle-Behälter wäre deren Überfüllung voraussehbar und zu verhindern gewesen.[11]

Ähnliche Gewässerverunreinigungen und Schäden (Fischsterben) traten auch in Rechtsstreitigkeiten nach der Wende auf. Auch hier wurden die Verursacher der Verschmutzungen durch die Kammer für Handelssachen des Landgerichts grundsätzlich zum Schadenersatz verurteilt.

Zusatz-Konsumgüter-Produktion in Industriebetrieben

Holzmundspatel, Imkerei-Erzeugnisse,
Flaschenöffner, Bratwurst-Roste,
Mausefallen u.a.

Neben den Konsumgüter herstellenden Betrieben wurden 1986 auch andere Betriebe und Kombinate beauflagt, außerhalb ihrer eigenen Produktionsaufgaben zusätzlich Konsumgüter zu produzieren und zu liefern. Die vorrangig Produktionsmittel und Wirtschaftsgüter herstellenden Betriebe und Kombinate, wie z.B. Walzwerke, Werften, Kali-Betriebe, Kranbauunternehmen u.a. erhielten den Auftrag, fünf Prozent ihrer Warenproduktion als Konsumgüter herzustellen. Dies schlug sich in ihren Planaufgaben nieder. Über die zusätzlich zu produzierenden Konsumgüter waren mit den betroffenen Handelsbetrieben Wirtschaftsverträge abzuschließen. Das Vertragsgericht hatte dabei mitzuwirken und erforderlichenfalls in Vertragsgestaltungsverfahren hierüber Wirtschaftsverträge abzuschließen. Dies führte allerdings teilweise zu ungewöhnlichen, nicht koordinierten Fertigungen.

So hatte zum Beispiel das örtliche Möbelkombinat im Rahmen der Kampagne Imkerei-Erzeugnisse zu fertigen und zu liefern. Da hierfür eigene Kapazitäten nicht bzw. nicht ausreichend zur Verfügung standen, wurden aufwendig Kooperationsbeziehungen und Zulieferungen über die gesamte Republik organisiert und vertraglich gebunden. Das belastete natürlich die eigene Möbelproduktion erheblich. Darüber hinaus hatten Betriebe des Möbelkombinates beispielsweise Holzmundspatel für Speise-Eis-Erzeugnisse und für medizinische Einrichtungen als Zusatzproduktion zu fertigen und zu liefern. Auch das war artfremd und sehr aufwendig.

Andere Industriebetriebe lieferten anlässlich der Kampagne Gartenbänke, Spaten, Bratwurst-Roste, Flaschenöffner, Pkw-Anhängerkupplungen, Schlüssel, Brennholz und weitere Produkte. Ein Sprengstoffwerk stellte beispielsweise Fliegenklatschen her. Ein Braunkohlenwerk produzierte Bügelbretter. Vielen Lesern ist das sicher noch bekannt. Sie können bestimmt eine Vielzahl sonstiger Produkte nennen. Richtig koordiniert wurde das aber nicht. Um die Auflage zu erfüllen, nämlich fünf Prozent ihrer Warenproduktion als Konsumgüter herzustellen, wurden von den Betrieben alle möglichen, teilweise auch merkwürdige Produkte produziert (Alibiproduktion). Ob sich darunter auch Mantelhaken befanden? Insgesamt trat dadurch offensichtlich eine Verbesserung in der Versorgung der Bevölkerung bei bestimmten Konsumgütern ein.

II. Kapitel:
Die Wendezeit 1989/90

Stiller Protest

Ein paar Tage vor dem 7. Oktober 1989, dem 40. Jahrestag der DDR, erhielt ich im Vertragsgericht einen Anruf von der Stadtverwaltung Zella-Mehlis, sie hätten bei Kontrollfahrten in der Stadt festgestellt, die Fahne des Vertragsgerichts hänge auf halbmast. Ich war zu diesem Zeitpunkt der einzige richterliche Mitarbeiter im Haus.

Meine Überprüfung der Fahne ergab, dass diese tatsächlich quasi auf halbmast hing. Grund dafür war, dass unsere ältere Hausmeisterin das Seil der Fahne immer wieder verknotet hatte, so dass die Fahne sich letztlich gar nicht mehr bis nach oben hochziehen ließ. Was für ein symbolischer Protest! Und das unmittelbar vor dem 40. Jahrestag der DDR!

Öffentlichkeit ausgesperrt

Von uns unbemerkt blieb zunächst der Fakt, dass wir durch die Räumlichkeiten (Baracke), den verschlossenen Eingang zum Verhandlungssaal und durch die notwendige telefonische Anmeldung der Parteien zur Wahrnehmung von Gerichtsverhandlungen die Öffentlichkeit quasi aussperrten. Darauf hat uns erst ein Rechtsanwaltskollege aus den alten Bundesländern aufmerksam gemacht. Die Herstellung und Sicherung der Öffentlichkeit in Gerichtsverhandlungen ist aber ein Grundprinzip der prozessualen Verhandlungsführung. Wenn diese nicht gewährleistet ist, stellt das einen absoluten Revisionsgrund dar. Na Prost, Mahlzeit! Daraufhin haben wir das sofort geändert und die Gerichtstüren geöffnet. Unter den heutigen Verhältnissen war das nicht einmal das Schlechteste. Heute werden in den Gerichten Eingangskontrollen zur Vermeidung von Straftaten und ähnliches überwiegend durchgeführt.

Zu Besuch beim Bundesverfassungsgerichtspräsidenten

Zu einem der bedeutendsten Ereignisse meiner richterlichen Laufbahn zählte das Treffen mit dem Präsidenten und den Richtern des Bundesverfassungsgerichts in der Wendezeit in Weimar. Das Bundesverfassungsgericht wollte sich von den Gerichtsstrukturen, der Arbeit und den Problemen der Gerichte in den neuen Bundesländern unmittelbar nach der Wiedervereinigung ein Bild machen. Der Präsident des Bundesverfassungsgerichts hatte dazu Vertreter der ostdeutschen Gerichte nach Weimar eingeladen. Dazu gehörten unter anderem auch die Präsidentin des Landgerichts Meiningen und Richter aus ihrem Gerichtsbezirk. Sie sollten von ihrer Arbeit und den Erfahrungen berichten. So war ein Richterkollege aus München eingeladen, der über seine Tätigkeit als Richter aus den alten Bundesländern berichten sollte. Ich war eingeladen als ein Richter aus den neuen Bundesländern, der über seine Arbeit und Erfahrungen Ausführungen machen sollte. Diese bezogen sich vordergründig auf die Registerarbeit und die sich daraus ergebenden enormen Aufgabenstellungen. Es ging auch um strukturelle Fragen der Gerichtsbarkeit in den neuen Bundesländern. Die einzelnen Gerichtsbarkeiten mussten ja erst eingerichtet werden, wie zum Beispiel das Arbeitsgericht, das Verwaltungsgericht und das Sozialgericht. Auch der künftige Standort des Verfassungsgerichts stand damals noch nicht fest. Im Gespräch waren z. B. Weimar, Leipzig und der bisherige Standort Karlsruhe. Die Verfassungsrichter waren natürlich sehr daran interessiert, dass der Gerichtsort Karlsruhe bleibt. Sie brachten spaßhaft zum Ausdruck: „Karlsruhe immer, Leipzig und Weimar nimmer". So ist es dann auch gekommen.

Auf diese Art und Weise habe ich den künftigen Bundespräsidenten Deutschlands, Dr. Roman Herzog, bereits zu einem Zeitpunkt kennengelernt, zu dem er noch gar nicht als solcher im Amt war.

Ehemalige DDR-Richter als Richter im geeinten Deutschland?

Die Übernahme ehemaliger DDR-Richter in Richterverhältnisse westdeutscher Prägung wurde 1990/91 kontrovers diskutiert. Vorrangig war die Frage nach der persönlichen Eignung der betreffenden Person. Es wurde überprüft, ob diejenigen Richter, die bereits in der früheren DDR tätig waren, geeignet sind, weiterhin Rechtsprechungsaufgaben zu erfüllen.

Die Wendezeit 1989/90 war für DDR-Richter und Staatsanwälte eine sehr ungewisse, schwierige, aber auch spannende Zeit. Was machen wir nur mit diesen Richtern, hatte die BILD-Zeitung tituliert. Ich persönlich habe mir Gedanken darüber gemacht, was ich beruflich tue, wenn ich meine Tätigkeit als Richter nicht fortsetzen kann. Ich konnte Schreibmaschine und Stenographie schreiben, hatte einen kaufmännischen Beruf erlernt, das Abitur abgelegt, einen Hochschulabschluss, war im Besitz einer Fahrerlaubnis und hätte so eventuell in einer Rechtsanwaltskanzlei oder in einer Wirtschaftskanzlei arbeiten können. Damit war durchaus auch Existenzangst verbunden. Was wird aus der Familie, den Kindern usw.?

Gott sei Dank kam es soweit nicht. Ich wurde in die Justiz übernommen. Diese Möglichkeit und auch das Glück hatten allerdings nicht alle Richter der DDR. Die meisten früheren Richter konnten ihre Tätigkeit nach der Wiedervereinigung nicht fortsetzen.

Die schnelle staatsrechtliche Vereinigung der beiden deutschen Staaten, die über den ersten Staatsvertrag vom 18. Mai 1990 und den Einigungsvertrag vom 31. August 1990 zum Beitritt der DDR am 3. Oktober 1990 geführt hat, erforderte auch die Herstellung der Rechts- und Justizeinheit. Das neu gefasste Richtergesetz der DDR vom 5. Juli 1990 nahm im Hinblick auf die Vereinigung eine Angleichung des Richterrechts der DDR in Anlehnung an das deutsche Richtergesetz der alten Bundesrepublik vor. Danach wurden Richterverhältnisse nunmehr nur auf Zeit, auf Probe oder kraft Auftrages begründet. Die Berufung auf Lebenszeit blieb einer späteren Regelung vorbehalten. Damit sollte einem Stillstand der Rechtspflege vorgebeugt werden.

Die Erneuerung der Justiz und die Wiederherstellung des Vertrauens der Bevölkerung in sie war nach Aussagen des damaligen Justizministers von Thüringen im Dezember 1990 die herausragendste Aufgabe seines Ministeriums. Damit dürfe keine Ausgrenzung der bisher in der Justiz Beschäftigten verbunden sein. Der Rechtsstaat müsse sich daran messen lassen, dass er auch den bisher tätigen Richtern und Staatsanwälten Recht gewährt. Es müsse um jeden Richter und Staatsanwalt gerungen werden, der im subjektiven Glauben Recht zu sprechen und den Menschen zu helfen, ehrlich bereit ist, am Aufbau einer erneuerten Justiz mitzuhelfen, wozu die Richterwahlausschüsse gebildet und eingesetzt wurden. (Thüringer Richterbund, Info Nr. 6/1991).

Die am Tage des Wirksamwerdens des Beitritts amtierenden Richter waren zunächst nur zur Ausübung der Rechtsprechung ermächtigt. Über den Fortbestand der Richterverhältnisse war bis 15. April 1991 zu entscheiden. Bei positiver Entscheidung wurden sie Richter auf Probe und konnten frühestens drei Jahre nach Wirksamwerden des Beitritts zum Richter auf Lebenszeit ernannt werden. Maßgebend für die Berufung durch den Justizminister in Abstimmung

Ein Riesenberg an Arbeit liegt noch vor der Justiz

Motivierte Mitarbeiter stehen bereit, diese Arbeit zu bewältigen

Suhl (FW/Schafft). In einem Jahr erst könne sich das Suhler Gericht mit Stelzen fortbewegen, in zwei Jahren richtig laufen – mit diesen Worten umschreibt der neue Direktor des Kreisgerichtes, Dr. Manfred Meyer (48) aus München, die vor ihm liegende und nicht leichte Wegstrecke. FREIES WORT sprach mit ihm:

Am 1. Oktober nahmen Sie Ihre Tätigkeit in Suhl auf. Was haben Sie vorgefunden?

. . .einen Riesenberg an Arbeit, einsatzfreudige und motivierte Kollegen, lückenhaftes Wissen und vor allem ein Gerichtswesen, das einen großen Umbruch vor sich hat.

Auf welche Aufgaben werden Sie sich konzentrieren müssen?

Vorrang vor allen hat der Aufbau der Fachgerichtsbarkeiten, beispielsweise des Arbeits-, Verwaltungs- oder Sozialgerichtes. Sind all diese Abteilungen voll funktionsfähig, beginnt auch schon die Aufteilung in Fachgerichtsbarkeiten. Damit gleichen wir unsere Struktur denen westlicher Bundesländer an. Dort führen die Fachgerichte sozusagen ihr „Eigenleben".

Was bedeutet das konkret für den Suhler Bürger, der gerichtliche Dienste in Anspruch nehmen muß?

Zum einen – und das ist für die neue Struktur das entscheidendste – erfährt er eine bessere Vertretung, schon allein deshalb, weil die Richter strenger nach Fachgebieten spezialisiert sind. Zum anderen werden nicht mehr alle richterlichen Angelegenheiten im Gebäude des einstigen Kreisgerichts geregelt. Bis zum Juni wird es dauern, bis das Arbeitsgericht eine zumutbare Unterbringung in einem renovierten Haus in Bahnhofsnähe erfährt. Wo genau, kann ich im Augenblick noch nicht sagen, da derzeit die Verhandlungen zur Anmietung noch laufen.

Bleiben wir noch bei der räumlichen Ausbreitung des Kreisgerichtes. . .

. . . die im einzelnen so ausschaut, daß wir im „Stammhaus" am Markt künftig Straf-, Familien- und zivilrechtliche Dinge verhandeln. Im ehemaligen Amtsgericht Zella-Mehlis werden das Familien-, Vormundschafts- sowie das Nachlaßgericht, das Handelsregister und die Kammer für Handelssachen untergebracht, derzeit arbeiten diese Kollegen in einer ehemaligen Bauarbeiterkantine. Das Grundbuchamt, mit dessen Aufbau wir sogar dank der EDV-Technik in Thüringen am weitestens fortgeschritten sind, befindet sich in der K.-Liebknecht-Straße 2, das Nachlaßgericht verbleibt im Moment noch im ehemaligen Notariat in der W.-Pieck-Straße. Schließlich zum Verwaltungsgericht – das hat seinen Sitz am Bezirksgericht in Meiningen.

Neue Strukturen werden ohne ausgebildete Mitarbeiter nicht greifen können. Wie ist hier der Stand der Dinge?

Wir sind mittendrin in Anleitung und Qualifizierung der Richter und aller Kollegen im mittleren Dienst. Das ist mitunter recht schwierig, da alle Kollegen in den laufenden Gerichtsbetrieb voll eingesetzt sind. Fürs kommende Jahr habe ich 73 Fort- und Ausbildungsveranstaltungen eingerichtet.

Wie groß ist derzeit Ihr Mitarbeiterstamm?

Am Kreisgericht Suhl arbeiten gegenwärtig etwa 100 Angestellte, darunter 21 Richter, neun weitere werden bis zum Vollaufbau des Gerichtes benötigt. Man darf aber nicht außer acht lassen, daß sechs von ihnen von anderen Gerichten aus den Altbundesländern „ausgeliehen" wurden und diese Kollegen bis spätestens 1993 wieder an ihre Gerichte zurückgehen werden.

Zu unserem Personal gehören derzeit ferner 17 ABM-Kräfte, ohne die wir den Riesenberg in den Antrags- und Archivierungsarbeiten nicht bewältigen können. Im übrigen übernehmen wir laufend interessierte und befähigte ABM-Kräfte in ein festes Arbeitsverhältnis.

Sie gaben das Stichwort Arbeitsgericht. Hier herrschten vor allem am Arbeitsgericht chaotische Zustände. Ist in der Zwischenzeit eine Entspannung eingetreten?

Die Situation am Arbeitsgericht hat sich etwas entspannt. Man darf jedoch nicht vergessen, daß die Arbeitsrichter in diesem Jahr 10 000 Verfahren zu bearbeiten hatten, wovon etwa die Hälfte bereits abgeschlossen ist. Schließlich muß man auch berücksichtigen, daß dafür lediglich sieben Arbeitsrichter zur Verfügung stehen. Die Verfahren am Arbeitsgericht dauern gegenwärtig im Durchschnitt drei Monate bis zu ihrem Abschluß. Ob diese Entspannung weiterhin anhält ist fraglich, in diesen Tagen sind 200 Klagen allein aus der Forstverwaltung hinzugekommen. Ferner rechnen wir mit 2000 Klagen aus Robotron.

Für nicht wenige ist es äußerst schwierig, sich im Dschungelwald der Justiz zurechtzufinden. In der Vergangenheit konnte man sich deshalb in den Richtersprechstunden kostenlos beraten lassen. Das fällt ja nun weg. . .

Ehrlich – es ist paradox, denn ein Richter, der ja objektiv in eine Verhandlung gehen sollte, Rechtsberatungen durchführt. In dieser Beziehung muß korrigiert werden. Für Beratungen gibt es Rechtsanwälte . . .

. . . und diese nehmen dafür nicht gerade niedrige Honorare.

Für denjenigen, der diese nicht zahlen kann, gibt es bei Gericht Berechtigungsscheine für Beratung. Diese werden bei Vorlage des Einkommensnachweises unbürokratisch ausgegeben, richten sich natürlich auch nach dem Einkommen des Ratsuchenden.

Rat und Unterstützung erhält das Suhler Kreisgericht von Amtskollegen aus den alten Ländern. Können Sie darüber noch informieren?

Von den Amtsgerichten Schweinfurt, Fulda und München kommt unbürokratische Hilfe in personeller Hinsicht – mit wir wirken derzeit sechs „ausgeborgte" Richter in Suhl. Auch materielle Unterstützung erreicht uns, beispielsweise erst kürzlich aus Kassel eine 150 bändige juristische Materialiensammlung als Spende des Vereins „Für Thüringen" Hessisch-Thüringische Juristenvereinigung e. V. Und nicht unerwähnt möchte ich die großzügige Möbelspende lassen, die uns das Amtsgericht München zur Verfügung stellte.

Eine Frage zum Stand der Richterüberprüfungen am Suhler Kreisgericht?

Die Mehrheit der Richter sind überprüft, es fehlen lediglich Untersuchungen in noch zwei Fällen.

Wie würden Sie Anliegen Ihrer Suhler Tätigkeit beschreiben?

Mein wichtigstes Anliegen wird es sein, das Gericht als Dienstleistungsbetrieb und als Teil der dritten Gewalt darzustellen, wobei die Justiz das Vertrauen der Bevölkerung erhalten und immer neu gewinnen muß.

FREIES WORT bedankt sich für dieses Gespräch.

Freies Wort-Interview mit Dr. Manfred Meyer vom 28. Dezember 1991, S. 11.

mit dem Richterwahlausschuss (Vorschlagrecht) war die fachliche und persönliche Eignung. Die Praxis hierzu war allerdings in den einzelnen neuen Bundesländern sehr unterschiedlich und nicht für alle Richterkollegen erfreulich.

Auf dieser Basis wurde ich in Thüringen als Richter auf Probe übernommen, zum Richter auf Lebenszeit und schließlich sogar zum Vorsitzenden Richter am Landgericht ernannt.

Es ist mir ein besonderes Anliegen, neben dem Einsatz von Richtern und Rechtspflegern aus den alten Bundesländern in der Wendezeit auch die großen Anstrengungen vieler Richter und Justizangestellter aus der DDR herauszustellen. Zu einem Stillstand in der Rechtspflege ist es bei allen Problemen nicht gekommen. Es waren enorme Aufgaben zu bewältigen. Das gilt besonders für die Umwandlung der Volkseigenen Betriebe und Kombinate in Kapitalgesellschaften.

Herausheben möchte ich auch die umfangreiche Hilfe und Unterstützung durch die Gerichte und Richter aus den alten Bundesländern in der Wendezeit. Diese äußerte sich in vielfältigen Erfahrungsaustauschen in den Gerichten vor Ort in Bayern und Hessen sowie in vielen Weiterbildungsveranstaltungen durch Richter von den Land- und Oberlandesgerichten aus den alten Bundesländern. Für unser Gericht erfolgte dies beispielsweise durch Richter vom OLG Bamberg, LG Schweinfurt, LG Coburg.

Vom Vertragsrichter zum Strafrichter

Bewaffneter Raubüberfall mit Geiselnahme

Aller Anfang ist schwer.
Der ist sowohl ein Dieb, der die Leiter hält, als der da stiehlt.

Nach der Wiedervereinigung war ich beim damaligen Kreisgericht Suhl auch für den Haftrichterdienst eingeteilt. An einem Sonnabend erhielt ich von der Polizeiinspektion einen Anruf, dass es in einer kleineren Stadt in der Rhön einen bewaffneten Raubüberfall auf den dortigen Supermarkt gegeben habe. Es seien Geiseln genommen worden. Man habe die Räuber aber an einer Straßensperre gestellt und die Geiseln befreit. Die drei Täter sollten dem Haftrichter vorgeführt werden. Dies erfolgte dann auch.

In Handschellen und mit Fußfesseln wurden mir drei Personen vorgeführt. Eine Person stammte aus Spanien, die anderen Personen waren aus Jugoslawien und aus Puerto Rico. Sie sprachen angeblich kein Deutsch. Schwierigkeit Nummer eins für mich war, spricht man in Puerto Rico Spanisch oder Portugiesisch. Ich brauchte ja Dolmetscher. Ich habe mich für Spanisch entschieden, was richtig war und außerdem den Vorteil hatte, dass ich zwei Täter mit einem Dolmetscher anhören konnte. Der Dolmetscher für den jugoslawischen Beteiligten war leichter zu bestimmen. Alle Drei waren „schwere Jungs". Der Herr aus Puerto Rico hatte in den USA in einer Spezialeinheit gedient und war uns, dem Gericht nebst Wachtmeistern und Polizei, körperlich haushoch überlegen. Der Räuber aus Jugoslawien hatte sichtlich ein Drogenproblem. Er hatte in Jugoslawien im Krieg gekämpft und war auch der Besitzer der Waffe. Der spanische Bürger gab sich als Familienvater. Er war der Fahrer der beiden anderen Täter, die den Überfall direkt ausgeübt hatten. Er stand offensichtlich „Schmiere". Er wäre nicht beteiligt gewesen und könne sich das Verhalten der anderen beiden nicht erklären. Überhaupt seien sie in den kleinen Ort nur gefahren, um dort einen Arbeitskollegen zu besuchen und bei ihm ein Kaninchen zu schlachten. Nur deshalb sei er mitgefahren. Von dem beabsichtigten Raubüberfall habe er nichts gewusst.

Was wird dem Richter so alles aufgetischt?!

Es gab jedoch so viele Ungereimtheiten und Indizien für die Beteiligung des Spaniers an dem Raubüberfall, so dass ich den Haftbefehl auch gegen ihn erlassen habe, gegen die beiden anderen Täter sowieso.

Dem Ansinnen der drei Vorgeführten, sie bei der richterlichen Vernehmung von den Hand- und Fußfesseln zu befreien, habe ich aus sicherlich nachvollziehbaren Gründen nicht entsprochen.

„Wenn es so war, tut es mir leid"

Wie die Sünde, so die Strafe.
Wo keine Furcht, da ist keine Zucht.

Gleich zu Beginn meiner Haftrichtertätigkeit wurde mir von der Polizeiinspektion ein Mann zur Anhörung vorgeführt, der beschuldigt wurde, seine 13-jährige Stieftochter mehrfach auf übelste Art und Weise vergewaltigt zu haben.

Details erspare ich mir und dem Leser. Bei der Vorführung waren seine Frau, die Mutter des Kindes, eine junge Staatsanwältin und eine Justizangestellte, die das Protokoll und den eventuellen Haftbefehl schreiben sollte, anwesend.

Die Schwierigkeiten begannen bereits damit, dass erst die Schreibmaschine installiert werden musste und die für den eventuellen Haftbefehl benötigten Formulare nicht vorhanden waren. Sie mussten von mir erst „besorgt" werden. Eine weitere Schwierigkeit bestand darin, dass die für den Bereitschaftsdienst eingeteilte Justizangestellte nicht bzw. nur sehr mäßig Schreibmaschine schreiben konnte. Bereits das „Einspannen" des Papiers in die Maschine dauerte ewig. Es ging damit weiter, dass sie bestimmte Begriffe nicht verstand bzw. der Rechtschreibung nicht mächtig war. Die Sache war außerdem so aufregend und verwerflich, dass alle anwesenden Damen, einschließlich der Staatsanwältin, ständig weinten und schluchzten. Auch der Richter war nah dran. Das hat mich dazu veranlasst, das Protokoll und später auch den Haftbefehl selbst mit der Schreibmaschine zu schreiben. So war halt die Wendezeit.

Der Sachverhalt und die Indizien waren so eindeutig und belastend gegen den Angeklagten, dass ich diesen zum Schluss der Vernehmung versuchte, an seiner „Ehre" zu packen. Er möge die Taten gestehen, um dem geschädigten Kind wenigstens die Vernehmung und Anhörung in der Hauptverhandlung zu ersparen. Das war mir fast geglückt. Allerdings ließ er sich nur zu der Äußerung hinreißen: „Wenn es so war, tut es mir leid". Das war natürlich kein „astreines" Geständnis.

In der Strafverhandlung wurde ich als Zeuge vernommen und vom Vorsitzenden Richter gefragt, wie denn der Angeklagte diese Äußerung getätigt und gemeint habe. Dazu konnte ich natürlich nichts sagen.

Der Verteidiger des Angeklagten fragte mich in der Verhandlung, ob denn nicht eventuell bestimmte Sachverhalte nicht protokolliert worden seien. Das Protokoll besitze zehn Seiten; die Vernehmung habe aber zwei Stunden gedauert. Machen sie mal einem Rechtsanwalt klar, dass das unter den damaligen Start-Bedingungen in der Justiz eigentlich gar nicht so schlecht war. Hätte ich das Protokoll und den Haftbefehl nicht selbst geschrieben, säßen wir vielleicht heute noch dort.

Meiner Erinnerung nach wurde der Angeklagte zu 4½ Jahren Haft verurteilt. Die Ankündigung der Ehefrau des Angeklagten, mit ihm nie wieder etwas zu tun haben zu wollen, sich scheiden zu lassen und die gemeinsame Wohnung aufzugeben, trat dann aber offensichtlich doch nicht ein. Ein Umstand, der gar nicht einmal so selten ist.

3.000 DM Kaution in 5-DM-Scheinen

Die Gesetze strafen nicht die Richter.
Geschehenes hat keine Umkehr.
Gerichtet bleibt, wo einmal gerichtet ist.

Mein erster Haftbefehl im Dezember 1990. Es ging mir danach verdammt schlecht. Die vorgeführte junge Frau tat mir ausgesprochen leid. Sie hatte auf einem Weihnachtsmarkt in einer Bude gearbeitet und Socken, Mützen, Handschuhe und ähnliches verkauft.

Was war geschehen?
Warum stand sie jetzt vor dem Richter?

Die junge Frau aus den alten Bundesländern hatte Steuerschulden und war ganz offensichtlich in schlechte familiäre Verhältnisse geraten: Alkohol, Rauchen und Rauschgift. Ihr Lebensgefährte hatte ihr angeblich jegliche Post, auch die vom Finanzamt und vom Gericht, vorenthalten. Deshalb sei sie auch nicht zur dortigen Strafverhandlung erschienen, weshalb gegen sie Haftbefehl ergangen war. Diesen sollte ich nun vollstrecken, weil man sie auf dem hiesigen Weihnachtsmarkt entdeckt hatte. Eigentlich gar keine große Sache, aus richterlicher Sicht jedenfalls.

Bei der Vorführung fingen die Schwierigkeiten allerdings schon damit an, dass der Polizist mir sagte, die Dame müsse Tabletten nehmen, die sie aber nicht habe. Vielleicht überstehe sie weder die Anhörung noch die Verschubung in das Frauengefängnis nach Chemnitz. Der Bereitschaftsarzt, übrigens sinnvollerweise ein Orthopäde, war nicht zu erreichen. Was tun? Außerdem hatte die Dame einen großen Hund, der niemanden außer sie heranließ. Was wurde mit dem? Die Dame war alleinstehend. Auch die Wohnung musste geklärt werden. Da mir weder eine Flucht- oder Verdunklungsgefahr gegeben schien, die Dame hatte hier eine Wohnung und hatte bereits längere Zeit vor Ort gearbeitet, bemühte ich mich um telefonischen Kontakt mit dem Richter des Hauptverfahrens in den alten Bundesländern, um den Haftbefehl gegebenenfalls nicht zu vollstrecken. Dieser ließ sich darauf aber nicht ein. Ich habe deshalb den Haftbefehl verkündet und die Inhaftierung verfügt. Über das Tierheim und mit ärztlicher Hilfe wurden die weiteren Probleme gelöst. Wohl fühlte ich mich dabei aber überhaupt nicht.

Am Nachmittag erhielt ich von der Polizeiinspektion einen Anruf, dass die festgenommene Frau eine Kaution für ihre Nichtinhaftierung in Höhe von 3.000 DM leisten möchte. Sie habe 3.000 DM in Fünf-DM-Scheinen, offensichtlich aus ihrer Verkaufstätigkeit auf dem Weihnachtsmarkt, vorgelegt. Das möchte ich doch bitte beschließen. Das ging allerdings nicht.

In Gerichtskreisen wurde bei uns erzählt, dass sich ein Richterkollege, der ähnliche Probleme im Haftrichterdienst mit einem großen Hund des Vorgeführten hatte, nicht anders zu helfen wusste, als kurzerhand auch einen Haftbefehl für den Hund auszustellen. Das geht natürlich nicht.

Ein Jahr später habe ich die Dame auf dem Weihnachtsmarkt wiedergesehen. Gesagt haben wir beide nichts. Erkannt hat sie mich. Ob sie wohl verstanden hat, dass ich gar nicht anders handeln konnte. Manchmal nicht leicht zu verstehen. Gesprochen hatte bereits der Richter im Hauptsacheverfahren. Außerdem war sie letztlich für die Situation selbst verantwortlich.

Verwaltungs-Gerichts-Richter

> *Straßensperrung zum Berggasthof „Schmücke"*
> *Verwaltungsgericht beim Kreisgericht*
> *Richter „Mädchen für alles!"*

Am 1. November 1991 (Freitag) wurde ich als Richter der 2. Kammer für Verwaltungssachen des Kreisgerichts Suhl mit dem Antrag auf Erlass einer einstweiligen Anordnung eines Wander- und Sporthotels (Antragsteller) gegen das Land Thüringen (Antragsgegner) mit der Maßgabe angerufen, dem Antragsgegner aufzugeben, die Straße vom Rondell Oberhof in Richtung Schmücke nicht für den Verkehr zu sperren. Konkret stellte das Hotel den Antrag, die aufschiebende Wirkung ihres Widerspruchs gegen die verkehrsbehördliche Anordnung des Landratsamtes anzuordnen. Gegenstand des Rechtsstreits war

Kreisgericht Suhl

In der Verwaltungsstreitsache

Wander- und Sporthotel Schmücke OHG

Bevollmächtigt:

                                              - Antragstellerin -

g e g e n

Land Thüringen
vertreten durch das Landrats-
amt ▬▬▬▬▬   - Antragsgegner -

w e g e n

verkehrsbehördlicher Anordnung
hier: Antrag nach § 80 Abs. 5 VwGO

erläßt das Kreisgericht Suhl, 2. Kammer für Verwaltungssachen,
durch den Vorsitzenden

-2-

B e s c h l u ß :

I.   Der Antrag wird abgewiesen.

II. Die Antragstellerin hat die
     Kosten des Verfahrens zu tragen.

III. Der Streitwert wird auf 2000,- DM
     festgesetzt.

die vorübergehende Sperrung der Straße für den gesamten Verkehr. Sie stand in Verbindung mit einer anderen Straßenbaumaßnahme.

Das Hotel begründete den Eilantrag mit einer Veranstaltung am bevorstehenden Wochenende. Es sei vorher nicht gehört worden. Die Anordnung verletze den Grundsatz der Verhältnismäßigkeit. Die strittige Sperrung sei nicht erforderlich. Die Maßnahme führe zu einem rechtswidrigen Eingriff in ihren Gewerbebetrieb. Das von ihr betriebene Unternehmen befinde sich noch in der Aufbauphase. Für dessen Sanierung seien Kredite in beträchtlicher Höhe aufgenommen worden. Zirka 90% der Gäste kämen aus Richtung Oberhof. Den Bediensteten, Lieferanten und den Gästen sei der 50 km lange Umweg nicht zuzumuten. Dies führe an dem Wochenende und gerade in den Wintermonaten zu erheblichen Umsatzverlusten.

Aufgrund der Eilbedürftigkeit (Veranstaltung am Wochenende) habe ich im Wege einer einstweiligen Anordnung im Beschluss-Wege die Sperrung der Straße zunächst aufgehoben. Damit war der Berggasthof noch aus Richtung Oberhof mit Fahrzeugen ohne großen Umweg zu erreichen.

In dem späteren gerichtlichen Erörterungstermin wurde die umstrittene Verkehrsbeschränkung konkret beraten. Insbesondere wurde die Verkehrssicherheit mit den wirtschaftlichen Belangen des Hotels abgewogen. Geprüft wurde auch, ob die Sperrung der Strecke wenigstens an Sonntagen oder in den Sommermonaten aufgehoben werden kann. Nach Anhörung der Polizeiinspektion und des Straßenverkehrsamtes war aber davon auszugehen, dass die verkehrsmäßigen Sicherheitsbelange den wirtschaftlichen Erwägungen des Berggasthofs (Umsatzeinbußen) vorgehen. Auch eine zeitweise Aufhebung der Straßensperrung kam nicht in Betracht. Die strittige behördliche Maßnahme lag in dem rechtlich zulässigen Rahmen der Verhältnismäßigkeit. Eine anderweitige zumutbare Umleitung kam nicht in Frage (starke Steigungen und Gefälle, Lkw-Verkehr u. a.). Der Berggasthof blieb durch die Straßensperrung aus Richtung Oberhof dennoch erreichbar, wenn auch mit Mehrkilometern.

Nach alledem hatte der Antrag auf Erlass der einstweiligen Anordnung letztlich keinen Erfolg.

Konkurs-Richter, Gesamtvollstreckungs-Richter, Insolvenz-Richter

Wo nichts ist, da hat der Kaiser sein Recht verloren.
Fassen Sie mal einen nackten Mann in die Tasche!
Sequester machen leere Nester.

Beim Kreisgericht war ich nach der Wiedervereinigung auch als Konkurs-Richter tätig. Wegen Zahlungsunfähigkeit und Überschuldung wurde gegen Betriebe und Privatpersonen beim Konkursgericht ein Konkurs-Verfahren eröffnet. Ziel dieses Verfahrens ist es insbesondere, bei eingetretener Zahlungsunfähigkeit oder Überschuldung des Unternehmens oder der Privatperson die Gläubigerforderungen dem vorhandenen Vermögen gegenüberzustellen und dementsprechend die angemeldeten Forderungen anteilig zu befriedigen. Damit wird nicht der, der zuerst kommt vollständig finanziell befriedigt und die anderen gehen mehr oder weniger leer aus, sondern es wird eine Konkursquote ermittelt.

Das Konkursgericht beim Amtsgericht ermittelt die Vermögenswerte (Aktiva und Passiva) des Schuldners. Die Gläubiger melden ihre Forderungen zur Eintragung in die Konkurstabelle des Betriebes an. Der Konkursverwalter entscheidet über deren Anerkennung und Aufnahme in die Konkurstabelle oder deren Ablehnung. Danach wird ermittelt, ob überhaupt soviel Guthaben vorhanden ist, um einen Teil der Forderungen der Gläubiger zu befriedigen (Konkursquote). Anderenfalls wird das Verfahren mangels Masse gar nicht eröffnet oder eingestellt.

Die alte Konkursordnung wurde nach der Wiedervereinigung in den neuen Bundesländern durch die Gesamtvollstreckungs-Verordnung abgelöst. Diese wurde schließlich durch die für die ganze Bundesrepublik nunmehr geltende Insolvenzordnung ersetzt. Ziel und Inhalt der Vorschriften sind im Wesentlichen gleich. Bei der Darstellung habe ich allerdings Inhalt und Ziel der Vorschriften zur besseren Verständlichkeit sehr verallgemeinert. Kenner der Materie und der Probleme mögen mir das nachsehen.

Das Konkursrecht und das Konkursverfahren waren für mich eine völlig neue Materie, in die ich mich nach der Wiedervereinigung erst einarbeiten musste. Ich kann mich an kein Konkursverfahren aus der DDR-Zeit erinnern. Gefragt habe ich mich allerdings öfter, wie die Volkseigenen Betriebe und Kombinate

Konkursverfahren steil im Ansteigen

Mittelständische Unternehmen zunehmend zahlungsunfähig

Suhl (FW/Gottfried). Die bisherigen Anträge auf Gesamtvollstreckung von Firmen und Einrichtungen Südthüringens haben in diesem Jahr bereits die doppelte Anzahl derer des Jahres 1991 erreicht. Dem Gesamtvollstreckungsgericht beim Kreisgericht Suhl, das die Verfahren für ganz Südthüringen bearbeitet, liegen derzeit rund 80 neue Anträge aus diesem Jahr vor.

Die Zahl verändere sich laufend nach oben, sagte in einem FREIES WORT-Gespräch Vollstreckungsrichter Roland Wolf, auch wenn sie ein geringer Prozentsatz im Vergleich zu den Neueintragungen im Handelsregister ist. Auffallend sei der wachsende Anteil mittelständischer Unternehmen – im Handwerk, der Dienstleistungsbranche, im Gastronomie- und Handelsgewerbe und anderen Bereichen. 24 Konkursverfahren wurden 1992 eröffnet, bei sieben erfolgte eine Antragsrücknahme bzw. die Erledigung, sechs Anträge wies das Gericht mangels Masse ab, und für die übrigen läuft die Vorbereitungsarbeit. Eine Richterin und eine Rechtspflegerin sind für Gesamtvollstreckungssachen verantwortlich.

Zwar sorgten Gesamtvollstreckungen wie die vom ehemaligen Sternradio Sonneberg und dem Spielzeugland Mengersgereuth-Hämmern in der Öffentlichkeit für Aufsehen, aber bei Treuhandbetrieben mit solchem Schicksal würde die Treuhand zunehmend die stille Liquidation durch Beauftragte ohne den gerichtlichen Weg veranlassen.

In der Regel seien Zahlungsunfähigkeit und damit verbundene Schulden der Grund für Gesamtvollstreckungen, berichtet Roland Wolf. Oftmals führe aber auch eine Einzelvollstreckung, also die einzelne Forderung eines Gläubigers, letztlich zum Offenbarungseid im Unternehmen.

Hauptverschuldungsgründe sind nach Erfahrungen des Vollstreckungsgerichts sowohl das Zusammengehen mit unseriösen Geschäftsführern aus alten Bundesländern, denen zu schnell vertraut wurde, als auch immer wieder geschäftliches Unvermögen. In ersteren Fällen mußte teilweise die sofortige Sequestation angeordnet werden, damit keine Vermögenswerte beiseite geschafft werden konnten. Häufig erfahren die Juristen auch, daß gute Unternehmenskonzepte wegen mangelnder Aufträge doch nicht aufgehen.

Oftmals treten in Südthüringen Arbeitnehmer oder Lieferpartner als Antragsteller und Gläubiger auf. Meist sind es ausstehende Lohnzahlungen, die den Verdacht der Zahlungsunfähigkeit des Unternehmens aufkommen lassen. Das Gericht hat in Anhörungen exakt die Vermögensverhältnisse zu prüfen, damit die Gläubiger zu ihrem Recht kommen. Wird der Antrag mangels Masse abgewiesen, ist das verwertbare Vermögen so minimal, daß nicht einmal Gerichts- und Verwalterkosten gezahlt werden könnten. Dann bleibt den Betroffenen nur noch das Konkursausfallgeld vom Arbeitsamt.

Beitrag aus „Freies Wort" über Konkursverfahren vom 12. September 1992, Nr. 214, S. 1.

hohe Verbindlichkeiten, wie zum Beispiel Wagenstandgeldforderungen der Deutschen Reichsbahn über mehrere hunderttausend Mark, ohne Überschuldung und Zahlungsunfähigkeit verkrafteten.

Aufgabe des Richters war es, in dem Konkurs-, Gesamtvollstreckungs- und Insolvenzverfahren Konkursverwalter einzusetzen und deren Arbeit zu begleiten und zu kontrollieren. Dabei handelte es sich meist um erfahrene Rechtsanwälte aus den alten Bundesländern mit einem juristischen „Hinterland" auf vielen Gebieten (Gesellschaftsrecht, Arbeitsrecht, Bankrecht u. a.) und umfassenden wirtschaftlichen Kompetenzen und Kontakten. Das war zur Abwicklung und zur eventuellen Fortsetzung der Unternehmen, gerade ehemaliger Volkseigener Betriebe und Kombinate, wichtig. Es war keine einfache Materie. Ich selbst habe an einigen Weiterbildungsveranstaltungen über das Insolvenzrecht teilgenommen und war Mitglied des „Wustrauer Arbeitskreises", einem Verein erfahrener Insolvenzjuristen. Viele Insolvenzverfahren betrafen umgewandelte Volkseigene Betriebe und Kombinate. Leider wurden diese Unternehmen allzu oft zerschlagen und nicht fortgesetzt. Von der Insolvenz betroffen waren bedauerlicher Weise leider auch eine Reihe mit großem Engagement gegründete kleine Gewerbebetriebe.

In den Insolvenzverfahren traten auch „schwarze Schafe" in Erscheinung. Manche neuen Gesellschafter und Geschäftsführer aus den alten Bundesländern, die ein ostdeutsches Unternehmen von der Treuhand oder anderweitig erworben hatten, bluteten den Betrieb bis zur Zahlungsunfähigkeit und Überschuldung aus. Der Betrieb war pleite. In einem Fall leistete sich der neue Gesellschafter eines kleinen Gewerbebetriebes nicht finanzierbare Ausgaben. Er fuhr hochwertige Pkws und Jeeps, leistete sich teure Urlaubsreisen, eine edle Küche und andere Luxusgegenstände. Für das Unternehmen reichte das Geld nicht mehr.

In einem anderen Verfahren ergab sich, dass der Firmeninhaber seine Mitarbeiter zur Erhaltung ihrer Arbeitsplätze um einen Kredit ersucht hatte. Das taten die Mitarbeiter auch. Sie nahmen hierfür eigene Privatkredite auf und stellten das Geld dem bereits angeschlagenen Unternehmen zur Verfügung. Der Betrieb ging trotzdem in die Insolvenz. Die Folge war, dass die Mitarbeiter nicht nur ihre Lohnansprüche verloren, sondern auch ihr Sp, Sparguthaben weg war.

Handelsrechtliche Verfahren in der Wendezeit

Joint Venture

Ein Joint Venture ist ein Gemeinschaftsunternehmen zwischen zwei oder mehreren Partnern betreffs eines gemeinsamen Vorhabens zwischen wirtschaftlich und rechtlich voneinander unabhängigen Unternehmen, bei dem die Partner die Führungsverantwortung und das finanzielle Risiko gemeinsam tragen. Die Kapitalbeteiligung ist identisch (auch Sacheinlagen). Das Risiko besteht in dem notwendigen abgestimmten Verhalten. Es ist ein Weg, im Ausland Fuß zu fassen.

Das Joint Venture-Modell war eine Zwischenlösung auf dem Weg zur Wiedervereinigung. Es war ein schwieriges Feld, musste doch in die Volkseigenen Kombinate und Betriebe das kapitalistische Rechnungswesen eingeführt und der in Mark der DDR erwirtschaftete Gewinn in Devisen an den westdeutschen Partner ausgeschüttet werden.

Seit Dezember 1989 gab es die illusionäre „Joint Venture-Euphorie" in vielen Volkseigenen Betrieben und Kombinaten. Hierfür galt die Joint Venture-Verordnung vom 25. Januar 1990. Danach waren die Unternehmen für ihr Entstehen und zur rechtlichen Selbständigkeit in das Handelsregister einzutragen. Es war ein Stammkapital in Höhe von 150.000 Mark der DDR erforderlich und anteilig von den Gesellschaftern zu tragen.

Nachfolgend ein Beispiel:

Mercedes gegen Trabant 601 de luxe

> *Leicht ist es, einen Laden zu eröffnen,*
> *doch schwer, ihn aufzuhalten.*
> *Nicht einmal ein Narr verkauft mit Verlust,*
> *um den Leuten zu gefallen.*

Schwierig war die Prüfung und Bewertung von Sacheinlagen für die Gesellschaft durch das Registergericht. In einem Fall erbrachte der Gesellschafter aus den alten Bundesländern seine Einlage in Höhe von 75.000 Mark durch einen Pkw Mercedes älteren Typs. Für diesen war eine Wertbestimmung noch

möglich. Aber was war 1990 der vom Gesellschafter aus den neuen Bundes-ländern eingebrachte Trabant 601 de luxe wert? Damals so gut wie nichts.

Heute wäre wahrscheinlich ein ziemlich hoher Nostalgie-Wert anzusetzen. Die Euphorie bei dem ostdeutschen Gesellschafter war so groß, dass er zur Errei-chung des für ihn sehr hohen Kapitalwertes von insgesamt 75.000 Mark der DDR als Sacheinlagen auch die Eheringe, einen Brillantring, Baumaterialien wie Sand, Schubkarre, Seile und andere kleinere Sachen bereitstellte. Dabei war der ostdeutschen Familie klarzumachen, dass sie damit ihr Eigentum an diesen Dingen aufgibt und es künftig der Gesellschaft gehört, was insbesonde-re für die Eheringe nicht problemlos war. Über den Wert der Schmuckstücke mussten teilweise Expertisen angefertigt werden.

Der Leser kann sich vorstellen, dass das schwierig und aufwendig war. Die Ge-sellschaft wollte aber zur rechtswirksamen Gründung so schnell wie möglich in das Handelsregister eingetragen werden. Es handelte sich um eine Bauservice GmbH aus einer kleinen Rennsteiggemeinde. Ob diese heute noch existiert?

Beredte Beispiele für Joint Venture-Unternehmen waren damals die von den Robotron Betrieben Dresden mit dem Otto Versandhaus und der Firma Phil-lips gegründeten Gesellschaften sowie die beabsichtigte Gründung eines Un-ternehmens zur Herstellung von Compact CDs durch Reiner E. Pilz in Suhl-Albrechts.

Reprivatisierung – Treuhandbetriebe

Die Euphorie zur Gründung von Joint Venture-Unternehmen unmittelbar vor der Wende hielt nicht sehr lange an. Sie boten tatsächlich mehr Nachteile als Vorteile und waren auf Dauer nicht das geeignete Geschäftsmodell zur Priva-tisierung der DDR-Wirtschaft.

Am Runden Tisch vom 12. Februar 1990 wurde der Vorschlag zur Bildung einer Treuhandgesellschaft unterbreitet. Sie war eine Anstalt öffentlichen Rechts, deren Aufgabe es war, die Volkseigenen Betriebe und Kombinate der DDR nach den Grundsätzen der Sozialen Marktwirtschaft zu privatisieren und die Effizienz und Wettbewerbsfähigkeit der Unternehmen zu sichern, § 8 Treuhandgesetz vom 17. Juni 1990 i. V. mit dem Einigungsvertrag und dem Staatsvertrag vom 18. Mai 1990. Zum 1. Juli 1990 waren danach alle Volkseigenen Betriebe und Kombinate in GmbH i.A. (im Aufbau) oder in AG i.A. (im Aufbau) umzuwandeln und in das Handelsregister einzutragen. Alle zum Stichtag 1. Juli 1990 im Register der Volkseigenen Wirtschaft eingetragenen Volkseigenen Betriebe und deren selbständigen Betriebsteile wurden so zum Stichtag auf der Grundlage des Treuhandgesetzes in Kapitalgesellschaften der Treuhandanstalt umgewandelt und als solche im Handelsregister erfasst.

Das war Voraussetzung dafür, dass sie eine neue Gesellschaft (GmbH oder AG) notariell nach den Vorschriften des bundesdeutschen GmbH- und Aktienrechts gründen konnten. Außerdem galt die Verordnung zur Umwandlung von Volkseigenen Kombinaten, Betrieben und Einrichtungen in Kapitalgesellschaften vom 1. März 1990. Das Stammkapital der GmbH betrug 20.000 M.

Diese wirtschaftlichen Radikal-Maßnahmen brachten tiefgreifende Veränderungen. Mit der Wirtschafts- und Währungsunion zum 1. Juli 1990 laut Staatsvertrag vom 18. Mai 1990 war das Schicksal der DDR-Wirtschaft besiegelt.

Nachfolgend ein Beispiel für in dieser Zeit typische Prozesse:

Treuhand gegen Treuhand

Pacta sunt servanda – Verträge sind einzuhalten.
Keine Regel ohne Ausnahme.
Wer Gesetze schafft, muss streng,
wer Gesetze handhabt, milde sein.

In der Folgezeit kam es auch zwischen Treuhandunternehmen zu Rechtsstreitigkeiten vor der Kammer für Handelssachen des Landgerichts. In einem Prozess klagte der in eine GmbH umgewandelte ehemalige Außenhandelsbetrieb der DDR aus Berlin gegen einen in eine GmbH umgewandelten ehemaligen Volkseigenen Betrieb des Gerichtsbezirks auf Zahlung von ca. 7,5 Millionen DM. Der VEB (zwischenzeitlich GmbH) hatte noch zur DDR-Zeit mit großer Kraftanstrengung und hohen Aufwand eine benötigte Folien-Produktions-Anlage aus der BRD importiert und vertraglich gebunden. Aufgrund der zwischenzeitlich eingetretenen Wende benötigte die GmbH die teure Anlage nicht mehr. Der Markt war weitestgehend weggebrochen. Sie begehrte die Vertragsaufhebung, was der Berliner Importbetrieb verweigerte. Das mittelständische Unternehmen war aus finanziellen Gründen nicht in der Lage, den

Kaufpreis in dieser Höhe zu bezahlen und die Anlage anschließend außer Betrieb zu nehmen. Das hätte den Konkurs bedeutet.

Obwohl es sich um zwei Firmen der Treuhandanstalt handelte (AHB GmbH und Produktions-GmbH), war derselbe Gesellschafter (Treuhandanstalt) über ein Jahr lang nicht bereit, den Rechtsstreit zwischen seinen Betrieben außergerichtlich beizulegen. Auf wiederholten Druck des Gerichts gelang das aber schließlich doch noch mit einer deutlich niedrigeren Zahlung, was sehr vernünftig war.

Begehrte Vertragsaufhebungen wegen Bedarfswegfall aufgrund der Wende durch ostdeutsche Unternehmen infolge eingetretener Bedarfsänderungen waren damals in Prozessen vor dem Landgericht oft anhängig. Das war nicht einfach zu entscheiden und teilweise auch sehr hart.

Vertragseintritt in Importverträge aus DDR-Zeit

Wer die Musik bestellt, bezahlt sie auch.
Pacta sunt servanta = Verträge haben Bestand.
Verjährung von Ansprüchen aus DDR-Verträgen.

Um Altfälle aus der DDR-Zeit ging es auch in einem Rechtsstreit eines früheren Außenhandelsbetriebes der DDR (VE AHB) Textil Commerz. Dieser importierte im ersten Halbjahr 1990 aufgrund eines Einfuhrvertrages mit dem Möbelkombinat für dessen Kombinatsbetrieb VEB U. Möbelbezugsstoffe. Die Stoffe wurden an den VEB U. in dessen Betriebsteil R. ausgeliefert, der mit Wirkung vom 31. März 1990 aus dem VEB verselbständigt und am 1. Juli 1990 in die R. GmbH (Beklagte) umgewandelt wurde.

Im April 1990 teilte das Möbelkombinat dem AHB mit, dass wegen der anstehenden Veränderungen künftig sämtliche Zahlungsforderungen an die Empfängerbetriebe zu richten seien. Die Rechnungen des AHB über die gelieferten Möbelbezugsstoffe wurden so an die umgewandelte R. GmbH gerichtet bzw. weitergereicht. Diese lehnte die Bezahlung ab und gab sie zurück. In dem Prozess stritten die Parteien insbesondere darüber, ob die Zahlungsverpflichtungen des Möbelkombinates aus dem Einfuhrvertrag mit dem AHB auf die neu gegründete R. GmbH übergegangen und ob sie zwischenzeitlich verjährt sind.

Vor dem Land- und Oberlandesgericht hatte die Klage der Export-Import GmbH i. L. (Rechtsnachfolgerin des AHB) gegen die neu gegründete R.GmbH Erfolg. Der Anspruch ergebe sich aus dem für den Importvertrag damals maßgebenden Vertragsgesetz der DDR bzw. aus der Schuldübernahme durch Vereinnahmung und Verarbeitung der Stofflieferungen durch die R. GmbH.

Der mit dem Fall befasste Bundesgerichtshof hob einen Teil der ausgesprochenen Zahlungsverpflichtung wegen eingetretener Verjährung auf und wies den Rechtsstreit im Übrigen an das OLG zur Klärung weiterer Fragen zurück.

Zu klären war, ob und inwiefern die neue GmbH die Zahlungsverpflichtungen des früheren Kombinates tatsächlich übernommen hat und ob dafür die Warenübernahme und Vereinnahmung von ihr reicht. Nach meiner Erinnerung verneinte das OLG letztlich nach weiteren Feststellungen über die Umstrukturierung der Forderungen die wirksame Schuldübernahme vom Kombinat.

Der vorliegende Fall soll dem Leser einen Eindruck darüber verschaffen, mit welchen Problemen sich die Gerichte in der Wendezeit in wirtschaftlicher und juristischer Sicht befassen mussten. Diese waren in der Regel nicht einfach zu lösen.

Viele andere Beispiele ließen sich anführen.

Umwandlungen

Eigenmächtige Herauslösung eines existenziell wichtigen Bereiches

Anfechtung von Gesellschafter-Beschlüssen.
Geschäftsanteils-Einziehung aus wichtigem Grund.
Ganz schön dreist!

In einem Prozess vor dem Landgericht stritten die Parteien über die Rechtswirksamkeit von Gesellschafterbeschlüssen. Der Kläger war gemeinsam mit weiteren 49 Gesellschaftern, allesamt ehemalige Mitglieder der PGH Holzwaren, Gesellschafter der Holzwaren GmbH. Er wurde zunächst zum alleinvertretungsberechtigten, vom Selbstkontrahierungsverbot befreiten Geschäftsführer der GmbH bestellt. Die Holzwaren GmbH ist eine zum 1. Juli 1990 durch notarielle Umwandlung aus dem ehemaligen Betriebsteil des VEB entstandene GmbH.

Der nunmehrige Geschäftsführer der Holzwaren GmbH lud die Gesellschafter im März 1997 zu einer Gesellschafterversammlung in die Geschäftsräume der GmbH. In dieser erschienen von den 50 Gesellschaftern 47. Die Gesellschafter fassten in der Gesellschafterversammlung u. a. Beschlüsse, wonach gegen den ehemaligen Geschäftsführer Schadenersatz- und Rückforderungsansprüche durch die Gesellschaft wegen eigenmächtiger Entnahmen geltend gemacht werden, der frühere Geschäftsführer-Entlastungsbeschluss betreffs des Geschäftsführers aufgehoben und sein Geschäftsanteil aus wichtigem Grund wegen schwerwiegender Pflichtverletzungen eingezogen wird. Dagegen ging der Gesellschafter vor. Er begehrte mit der Klage die Feststellung der Nichtigkeit dieser Beschlüsse, weil ein Erbe eines bereits verstorbenen Mitgesellschafters nicht eingeladen worden sei und ein wichtiger Grund für die Einziehung seiner Geschäftsanteile nicht vorliege.

Die beklagte GmbH verteidigte die Wirksamkeit der gefassten Beschlüsse. Ihr sei gar nicht mitgeteilt worden, dass der Gesellschafter verstorben und wer dessen Erbe sei. Dessen Geschäftsanteil sei außerdem so gering, dass er an der Beschlussfassung nichts ändere. Im Übrigen habe der Kläger die Anfechtungsfrist versäumt. Kern des Vorwurfs gegen den Kläger sei, dass er unter Überrumpelung der Mitgesellschafter den für die Gesellschaft wichtigen Unternehmensteil des Holzfachmarktes nebst Grundstück ausgegliedert und unter Wert auf eine von ihm betriebene Firma bzw. auf sich selbst übertragen habe. Des Weiteren habe er sich als ehemaliger Geschäftsführer rechtswidrig überhöhte Gehaltszahlungen und Versicherungen zugeführt. Zudem sei die GmbH mit einer Kreditrückforderung der Deutschen Aufbaubank konfrontiert. Dies rechtfertige die Schadenersatzforderungen und stelle einen wichtigen Grund für die Einziehung der Geschäftsanteile dar (Treuepflichtverstoß).

Das Gericht hat die Klage des Gesellschafters abgewiesen. Die vom Kläger angeführten Gründe für die Nichtigkeit der Gesellschafterbeschlüsse rechtfertigen die Feststellung der Nichtigkeit nicht. Die fehlende Teilnahme eines Vertreters des verstorbenen Gesellschafters von 50 Gesellschaftern hätte unter keinen Umständen das Ergebnis der Beschlussfassung beeinflusst bzw. geändert (publikumsorientierte Gesellschaft). Die Gesellschaft wurde vom Ableben eines der 50 Gesellschafter auch gar nicht informiert. Die für die Einziehung des Geschäftsanteils des Klägers genannten Gründen stellen eine schwerwiegende Treuepflichtverletzung dar. Dies gilt insbesondere für die eigenmächtige Herauslösung des Holzfachmarktes auf die eigene Firma im Rahmen eines

Insichgeschäftes. Der Bereich ist für die GmbH existenziell wichtig. Die Kreditrückforderungsansprüche der Bank gegenüber der Gesellschaft betreffen gerade den herausgelösten Betriebsteil. Schließlich hat der Kläger auch die Anfechtungsfrist von einem Monat verstreichen lassen.

Ganz schön dreist!

Rückzahlung von Altkrediten

Beispiel der Umwandlung eines ehemaligen
Volkseigenen Betriebes in eine neue GmbH.
Alt-Kreditverbindlichkeiten aus DDR-Zeit
gehen grundsätzlich nicht unter.
Für die neuen Gesellschafter einer GmbH
stellen sie eine „harte Nuss" dar.

Eine Vielzahl von Rechtsstreitigkeiten nach der Wende betrafen Sachverhalte und Ansprüche aus zur DDR-Zeit geschlossenen Verträgen. Ein Beispiel soll im Folgenden geschildert werden.

Die Deutsche Kreditbank AG verlangte in einem Prozess von der umgewandelten b. GmbH die Rückzahlung aus der Zeit vor der Währungsumstellung an den vormaligen Volkseigenen Betrieb gewährte Grund- und Umlaufkredite. Mit notarieller Urkunde vom Juni 1990 wurde der Kombinatsbetrieb des früheren VEB B. mit Wirkung zum 1. Juni 1990 in eine GmbH umgewandelt. Hundertprozentige Gesellschafterin der GmbH war zunächst die Treuhandanstalt. Mit notariellem Geschäftsanteils- und Übertragungsvertrag vom Dezember 1991 übertrug und verkaufte die Treuhandanstalt Berlin den von ihr gehaltenen Geschäftsanteil an zwei Privatpersonen, die im Juni 1993 den Namen der GmbH in die b. GmbH änderten, die Beklagte in dem Rechtsstreit.

Der frühere Volkseigene Kombinatsbetrieb und die Staatsbank der DDR hatten für das erste Halbjahr 1990 einen Umlaufmittelkreditvertrag geschlossen. In der Bilanz des Betriebsteiles vom 31. Mai 1990 war ein entsprechender Grundmittelkredit und ein Umlaufmittelkredit enthalten. Der Bericht über die DM-Eröffnungs-Bilanz zum 1. Juli 1990 enthielt am Prüfungstag im Februar 1991 die Verbindlichkeit von Mark der DDR auf Deutsche Mark. Außerdem existierten eine Saldenbestätigung und eine Vereinbarung über die Aufspaltung der Kredite von den Unternehmen mit Verbindlichkeiten gegenüber den Kreditinstituten. Weitere Einzelheiten sind hier entbehrlich.

Im Mai 1995 kündigte die Deutsche Kreditbank AG (Klägerin) den auf die b. GmbH (Beklagte) entfallenen anteiligen Kreditvertrag des Umlauf- und Grundmittelkreditvertrages des VEB und stellte die Kreditsumme zur Rückzahlung fällig. Sie vertrat die Auffassung, dass die Forderungen auf sie und die Kreditverbindlichkeiten auf die Beklagte übergegangen sind.

Zutreffend!

Sowohl das Landgericht als auch das Oberlandesgericht haben den Anspruch der Deutschen Kreditbank AG auf Rückzahlung von Kreditverbindlichkeiten des alten VEB gegen die neue b. GmbH bejaht.

Die Deutsche Kreditbank AG ist Inhaberin von Forderungen der Staatsbank der DDR gegen den VEB B. geworden. Die Zahlungspflicht folgt aus der Kreditverordnung, weil das Schuldverhältnis, nämlich die Ausreichung von Grund- und Umlaufmittelkrediten an den VEB, vor dem Beitritt begründet wurde. Die nach DDR-Recht begründeten Kreditverbindlichkeiten sind mit dem Ende des planwirtschaftlichen Systems in der DDR nicht untergegangen, sondern nur im Verhältnis 2:1 umgestellt worden. Die b. GmbH hat für die geltend gemachten Kreditverbindlichkeiten wegen der entsprechenden Umwandlungen und Aufteilungen der Kredite, wie geschildert, zu haften. Weitere Einzelheiten, die vor allem schwierigere Rechtsfragen betreffen, sprengen den Rahmen der vorliegenden Erörterung von Umwandlungsproblemen der Betriebe und Kombinate.

Kapital muss man haben

> *Immer wieder Stammkapital.*
> *Rundholz als Sacheinlage.*
> *Unterbilanzhaftung.*
> *Mehrere adlige „Forst"-Gesellschafter*

Typische „Wende-Verfahren" waren Rechtsstreitigkeiten in der Kammer für Handelssachen des Landgerichts im Zusammenhang mit der Erbringung und Erhaltung des erforderlichen Stammkapitals für umgewandelte und neu gegründete GmbHs.

Sehr oft stritten die Parteien um die wirksame Erbringung der Stammeinlage einer GmbH. In einem sehr schwierigen und aufwendigen Verfahren forderte der Gesamtvollstreckungsverwalter einer aus einem ehemaligen Forstwirtschaftsbetrieb der DDR am Rennsteig hervorgegangenen GmbH (Sägewerk) die anteilige Zahlung der Stammeinlage von den Gesellschaftern der GmbH. Das Stammkapital betrug die stolze Summe von 600.000,00 DM, wovon die in Anspruch genommenen Gesellschafter anteilige Stammeinlagen zwischen 50.000,00 DM und 100.000,00 DM übernommen hatten.

Bei den Gesellschaftern der neu gegründeten Sägewerk GmbH handelte es sich überwiegend um adlige Persönlichkeiten, die mit der Forst- und Holzwirtschaft befasst waren. Die Stammeinlage sollte durch Sacheinlagen erbracht werden, nämlich durch Übereignung von Fichten- und Kiefern-Stammholz aus dem ehemaligen Staatlichen Forstwirtschaftsbetrieb.

Der Gesamtvollstreckungsverwalter trug vor, die Stammeinlagen seien nicht wirksam erbracht worden, weil die als Sacheinlage genannte Menge an Holz nicht an die GmbH übereignet worden sei.

Die Gründer-Gesellschafter meinten hingegen, die geschuldete Stammeinlage sogar mehrfach erbracht zu haben. Zum einen habe eine Bewertungskommission das bereits auf dem Betriebshof lagernde Stammholz des ehemaligen Staatlichen Forstwirtschaftsbetriebes besichtigt, vermessen, nummeriert und mit einem angemessenen Preis bewertet. Mit der Satzung sei sodann das Eigentum des bereits im Besitz der Gründungsgesellschaft befindlichen Holzes auf diese übertragen worden. Vorsorglich sei die Stammeinlage nochmals als Bareinlage mit Verrechnung von Gegenforderungen erbracht worden. Außerdem seien mit einer Einigungsvereinbarung sämtliche zu diesem Zeitpunkt bestehende Ansprüche der Gesellschafter und der Gesellschaft hinüber und herüber abgegolten worden.

Das Gericht hat die verklagten Gesellschafter der Sägewerk GmbH zur anteiligen Zahlung der Stammeinlage verurteilt. Zur Überzeugung des Gerichts konnte nach der Beweisaufnahme nicht festgestellt werden, dass die Gesellschafter ihre Stammeinlage-Verpflichtungen durch Lieferung und Übereignung von Festmetern Stammholz nachgekommen sind. Aus der Erläuterung zur Bilanz 31. Dezember 1992 folgte jedenfalls, dass die Gemeinschuldnerin (Forstwirtschaft GmbH) mit Vertrag von der Treuhandanstalt den Betriebsteil

Sägewerk des ehemaligen Staatlichen Forstwirtschaftsbetriebes einschließlich vorhandener Vorräte erworben hat. Die Gemeinschuldnerin hat die Restbestände an Festmetern Rundholz damit nicht als Stammeinlage, sondern als vorhandene Vorräte von der Treuhandanstalt übernommen. Weitere Einzelheiten können hier aufgrund ihres Umfangs nicht dargestellt werden.

Umwandlungen in der Landwirtschaft

> *LPG Tier- und Pflanzenproduktion*
> *(LPG „Frieden", LPG „Vereinte Kraft").*
> *Zwischenbetriebliche Einrichtung*
> *Agrochemisches Zentrum (ZBE ACZ).*
> *Zwischenbetriebliche Einrichtung*
> *Trockenwerk (ZBE Trockenwerk).*
> *Vereinigung der gegenseitigen Bauernhilfe (VdgB).*
> *Bäuerliche Handelsgenossenschaft (BHG).*
> *Zwischenbetriebliche Bauorganisation (ZBO).*

Jetzt wird es schwierig!

Im Bereich der Landwirtschaft der DDR existierten zwischenbetriebliche Einrichtungen der Landwirtschaftsbetriebe. Einige, sicher nicht alle, wurden oben genannt. Deren Umwandlung in marktwirtschaftlich geprägte Unternehmen (z. B. GmbH, AG, Genossenschaften u. a.) waren vielfältig und nicht einfach zu bewältigen. Sie können hier nicht detailliert dargestellt werden. Es gab hierzu eine Vielzahl von Rechtsstreitigkeiten. Das soll an folgendem Fall dargestellt werden. Über das Vermögen des Agrochemischen Zentrums L. (ACZ L.) wurde 1991 durch das Konkursgericht das Gesamtvollstreckungsverfahren eröffnet. Das ACZ ist eine zwischenbetriebliche Einrichtung ehemaliger Landwirtschaftsbetriebe der DDR. Dazu gehörten LPG Pflanzen- und LPG Tierproduktion. Anfang der 1970er Jahre wurde das damalige Trockenwerk O. (ZBE Trockenwerk) stillgelegt und deren Vermögenswerte auf das ACZ L. übertragen.

Mehrere Landwirtschaftliche Produktionsgenossenschaften Tierproduktion, die ehemals an dem ACZ L. beteiligt waren, wandelten sich nach der Wende in die Agrargenossenschaft U. um. Eine der in die Agrargenossenschaft U. umgewandelten Landwirtschaftlichen Produktionsgenossenschaften hatte zur DDR-Zeit Zahlungen an das ACZ L. geleistet. Diese forderte nunmehr die Agrargenossenschaft U. vom ACZ L. zurück. Der Gesamtvollstreckungsverwalter des ACZ L. lehnte das und eine entsprechende Feststellung der Forderung zur Gesamtvollstreckungstabelle ab.

Die Agrargenossenschaft U. (Klägerin) begehrte daraufhin 1994 mit einer Klage vor dem Landgericht gegenüber dem Gesamtvollstreckungsverwalter des ACZ L. (Beklagter) die Feststellung der Forderung zur Gesamtvollstreckungstabelle des ACZ L.

In dem Prozess stritten die Parteien im Wesentlichen über die Beteiligung der Rechtsvorgänger der Agrargenossenschaft, der Landwirtschaftlichen Produktionsgenossenschaften, an dem ACZ L. als Trägerbetriebe und die Zugehörigkeit der von der LPG erbrachten Leistungen zur Haftungsmasse. Die umgewandelten Landwirtschaftlichen Produktionsgenossenschaften waren ursprünglich auch mit Anteilen an der früheren ZBE Trockenwerk O. beteiligt, deren Vermögen auf das ACZ L. übertragen wurde. Die Agrargenossenschaft meinte, die Stilllegung der ZBE Trockenwerk und die Übertragung der Vermögenswerte auf das ACZ sei infolge der Energiekrise Anfang der 1970er Jahre auf staatliche Weisung erfolgt. Das gelte auch für die finanziellen Leistungen einer der früheren Landwirtschaftlichen Produktionsgenossenschaften. Die Zahlung sei auf Weisung des damaligen Rat des Kreises geschehen. Mithin gelte die Klägerin nicht als Beteiligte des ACZ, sondern als Dritte. Sie habe daher gegen das ACZ L. Anspruch auf Rückzahlung des geleisteten Betrages.

Der Gesamtvollstreckungsverwalter lehnte das mit der Begründung ab, dass es sich bei der früheren LPG um einen Trägerbetrieb des ACZ L. gehandelt habe und sie damit Anteilseigner sei. Die Genossenschaft könne ihre Anteile am ACZ nicht als Konkursforderung anmelden, da sich daraus das Vermögen, die Haftungsmasse zur Befriedigung von Gläubigeransprüchen zusammensetze. Außerdem sei bislang auch keine Kündigung der Mitgliedschaft erfolgt.

Das Landgericht hat die Klage abgewiesen.

Die Agrargenossenschaft konnte die Feststellung ihrer vermeintlichen Rückzahlungsansprüche zur Gesamtvollstreckungstabelle nicht verlangen, weil sich aus den von ihren Rechtsvorgängern geleisteten Zahlungen bzw. der Übertragung von Vermögenswerten des Trockenwerkes auf das ACZ das Vermögen der Vollstreckungsschuldnerin (ACZ L.) zusammensetzt. Dies ist die

Haftungssumme, die zur Befriedigung der Gläubigeransprüche zur Verfügung steht. Eine Auszahlung der Haftungsmasse zu Lasten anderer Gläubiger ist nicht zulässig.

Umwandlungs-Probleme

Komplizierte Geschichte.
Umwandlung eines ehemaligen ACZ in eine GmbH.

Die Raiffeisen-Handelsgenossenschaft B. klagte 1993 gegen die AST Agrar-service- und Transport GmbH i. G. auf Einsicht in die DM-Eröffnungsbilanz zum 1. Juli 1990, in die Schlussbilanz in Mark der DDR zum 30. Juni 1990 und in die Umwandlungserklärung vom Mai 1991.

Die Parteien stritten über die Beteiligung der Rechtsvorgängerin der Raiff-eisen-Genossenschaft an dem früheren ACZ W. (Agro-Chemischen-Zentrum) und über ihren Anspruch auf Mitwirkung an der Umwandlung des ACZ in eine GmbH. Die Raiffeisen-Handelsgenossenschaft B., hervorgegangen aus den ehemaligen BHG W., der BHG T. und der BHG S. (sämtlichst Bäuerliche Handelsgenossenschaften), die zur damaligen BHG B. verschmolzen waren und in die Raiffeisenbank und Handelsgenossenschaft S. e. G. umgewandelt und von dieser durch Neugründung abgespaltet wurde, machte gegen die AST Agrarservice GmbH i. G. Auskunftsansprüche geltend.

Das ACZ W. wurde laut ihrem Statut von 1973 aus verschiedenen Landwirt-schaftlichen Produktionsgenossenschaften (LPG) des Territoriums gebildet. Ein Vertreter des ACZ führte laut einer notariellen Urkunde eine Trägerver-sammlung (Bevollmächtigten-Versammlung) zur Umwandlung in die AST Agrarservice- und Transport GmbH durch, hielt eine Gesellschafterversamm-lung ab, stellte den Gesellschaftsvertrag fest und berief einen Geschäftsführer. Die Registereintragung war noch nicht erfolgt.

Das Gericht hat der Klage stattgegeben und die AST Agrarservice GmbH i. G. zur Auskunft und Einsicht in die Umwandlungs-Unterlagen verpflichtet. Es hat die jeweiligen Rechtsnachfolgen durch das Genossenschaftsregister angenom-men und die Beteiligung der Raiffeisengenossenschaft B. an der Umwandlung für notwendig erachtet. Auf die Darstellung weiterer, teilweise schwieriger Rechtsfragen, soll hier verzichtet werden.

Verstanden? Komplizierter geht's nimmer.

Der Autor will mit diesem Fall aufzeigen, welche schwierigen Sachverhalte und rechtliche Fragen kurz nach der Wiedervereinigung anstanden und zu entscheiden waren.

Registersachen

Die „500-Reichsmark-Aktie"

Sachen gibt's, die gibt's gar nicht.

Kurz nach der Wende meldete sich ein Rechtsanwalt aus München beim nunmehr für Registersachen zuständigen Kreisgericht Suhl und legte eine Aktie über 500 Reichsmark einer in den 1920er Jahren in der Rechtsform einer Aktiengesellschaft gegründeten Brauerei aus dem Gerichtsbezirk vor. Die Brauhaus Sonneberg AG war in den alten Registerbüchern im Handelsregister B mit allen erforderlichen Angaben, wie Gegenstand, Sitz, Vorstand und Kapital eingetragen. Sie wurde 1946 enteignet. Ihr materielles Vermögen wurde 1952 in einen Volkseigenen Betrieb überführt, den VEB Brauhaus Sonneberg.

Der Rechtsanwalt gerierte sich unter Vorlage der Aktie als ein Aktionär der Brauhaus AG und wollte Rechte daraus in Anspruch nehmen. Hintergrund seines Handelns war das Barvermögen der Brauhaus AG in Höhe von zirka 300.000,00 DM (der genaue Betrag ist mir nicht mehr erinnerlich), das vor der DDR-Gründung 1949 und der Verstaatlichung nach Westdeutschland auf das Konto einer Bank in München transferiert und so dem Zugriff des Staates entzogen worden war.

Der Aktionär machte seinen Anspruch aus der Aktie entsprechend dem Aktiengesetz geltend. Er forderte über das Registergericht eventuell vorhandene weitere Aktionäre auf, sich zu melden und ihre Ansprüche gegen die Brauerei AG bis zu einem bestimmten Zeitpunkt zu erheben, was durch das Registergericht über den Bundesanzeiger publik gemacht wurde. Nach Ablauf der Frist berief er eine Hauptversammlung der Aktiengesellschaft ein und bestellte sich über das Registergericht als Notvorstand. Andere Anspruchsberechtigte und andere Anträge lagen offensichtlich nicht vor. Bis 1990 lief die Abwicklung des Westvermögens der Brauerei durch einen Abwesenheitspfleger.

Das wurde im Handelsregister eingetragen und über den Bundesanzeiger bekannt gemacht. Laut Handelsregister wurde die Gesellschaft 1993 fortgesetzt. Ob und welche Beschlüsse hinsichtlich der Ausschüttung und Verwendung des vorhandenen Geldbetrages der Brauhaus AG gefasst wurden und an wen die Auszahlung erfolgte, ist mir aufgrund zwischenzeitlicher beruflicher Veränderung nicht bekannt. Anzunehmen ist aber, dass das an bzw. in den Verantwortungsbereich des Rechtsanwalts aus München erfolgte, was offensichtlich der eigentliche Sinn der „Übung" war.

Eine Geschichte, die nur die Wende schreibt.

Register-Eintragung – Eintragungs-Hindernisse

Diplom-Pharmazeutin Beruf oder Titel?
Genehmigung nach dem Kriegswaffen-Kontroll-Gesetz für den
Handel mit Kraftfahrzeugen (Panzer im Angebot?).
Versicherung des Geschäftsführers hinsichtlich nicht
vorhandener Konkursstraftaten und Berufsverbote.

Ein besonders aktiver und penibler Registerrichter sorgte Anfang der 1990er Jahre für viel Arbeit und Verdruss bei den Firmen-Anmeldern, gestandenen langjährig tätigen Notaren aus den alten Bundesländern, Behörden und natürlich auch bei der Beschwerdekammer des Landgerichts.

Diplom-Pharmazeutin

Einer der Streitpunkte war, ob die Berufsangabe Diplom-Pharmazeutin, Diplom-Ingenieur für Bauwesen, Diplom-Lehrer u. a. eine Berufsangabe oder lediglich eine Titelangabe darstellt, die zur Zurückweisung der Register-Anmeldung berechtigt.

Die Beschwerde-Kammer des Landgerichts hat entschieden, dass insoweit kein Eintragungshindernis vorliegt. In der Regel sei in der DDR der Hochschulabschluss mit einer fachlichen Qualifikation entsprechend der Studienrichtung verbunden, so dass neben dem Hochschulabschlussgrad des Diploms auch noch ein Fachschulabschluss in Form einer Berufsbezeichnung erworben wurde. In diesem Sinne habe die anmeldende GmbH die Angabe der Berufe ihrer Gesellschafter sowie Geschäftsführer verstanden. Das Berufsbild sei weit auszulegen. Bei der Diplom-Pharmazeutin sei so auch das Berufsbild der Pharmazeutin mit erfasst.

Genehmigung nach dem Kriegswaffen-Kontroll-Gesetz

Bei der Register-Anmeldung einer Autohaus GmbH, die den Handel mit Kraftfahrzeugen aller Art und Kfz-Zubehör betreibt sowie die Durchführung von Reparatur und Wartungsarbeiten an den Fahrzeugen, beanstandete der Register-Richter unter anderem, dass das Unternehmen keine Genehmigung nach dem Kriegswaffenkontrollgesetz vorgelegt habe, was bei dem angegebenen Handel mit Kraftfahrzeugen aller Art notwendig sei.

Die Kammer für Handelssachen des Landgerichts hat in dem Beschwerdeverfahren hierüber die Verfügung des Registerrichters aufgehoben und ausgeführt, dass die Zulässigkeit des Unternehmensgegenstandes durch das Registergericht zwar zu prüfen ist. Die Prüfung des Bereiches und der Art der Betätigung der Gesellschaft muss jedoch immer von dem Grundsatz bestimmt sein, ob damit der Schwerpunkt der Geschäftstätigkeit in groben Zügen für die beteiligten Wirtschaftskreise nach außen hinreichend erkennbar gemacht wird, wobei eine geschäftszweigmäßige Bezeichnung ausreicht. Hier lag der Schwerpunkt der Geschäftstätigkeit im Handel mit Kraftfahrzeugen und Kraftfahrzeugzubehör. Der Handel mit Panzern, Selbstfahrlafetten, Militär-Lkw, ABC-Waffen ist nicht ersichtlich.

Geschäftsführer-Versicherung

In einem anderen Fall bemängelte der Registerrichter die vom Geschäftsführer abzugebende Versicherung über nicht vorhandene Konkursstraftaten als zu pauschal. Sie beziehe sich lediglich auf die einschlägigen allgemein Paragraphen hierzu, ohne sie im Einzelnen zu benennen und zu konkretisieren. Diese Anforderung sieht das Gesetz aber nicht vor. Eine weitergehende Aufführung der Konkursstraftaten, wie Bankrott, besonders schwerer Fall des Bankrotts, Verletzung der Buchführungspflicht, Gläubigerbegünstigung und Schuldnerbegünstigung wird nicht verlangt. Ein Eintragungshindernis liegt darin jedenfalls nicht.

Genehmigung Bewachungs- und Baubetreuungsgewerbe

Eine Bauträger Immo GmbH meldete zur Eintragung in das Handelsregister die Durchführung von Hausverwaltungstätigkeiten an. Der Registerrichter beanstandete, dass dafür eine Genehmigung nach der Gewerbeordnung für das Bewachungs- und Baubetreuungsgewerbe erforderlich sei. Hausverwaltungstätigkeiten beinhalteten auch die genehmigungspflichtige Bewachung von Objekten. Die Kammer für Handelssachen des Landgerichts hat als Beschwerdegericht entschieden, dass der wirkliche Zweck der Gesellschaft durch Auslegung zu ermitteln ist. Vorliegend wurde die Bewachung in der geänderten Satzung der Firma ausdrücklich ausgeschlossen. Damit bestand kein Eintragungshindernis.

Erwähnt werden muss in diesem Zusammenhang, dass die Firmengründer und Firmeninhaber damals an einer zügigen Register-Eintragung sehr interessiert waren, drückten sie doch oft DM-Eröffnungs-Bilanzprüfungen, Kreditverhandlungen mit der Bank, Kooperationsverhandlungen und andere Fristen. Ärgerlich, wenn in dieser Situation die Eintragung wegen der Berufsangabe scheitert.

Mit diesen Beispielen soll aber nicht der Eindruck erweckt werden, die Prüfung der Register-Anmeldungen sei nicht notwendig oder überwiegend zu weitgehend erfolgt. Sie ist notwendig und war in sehr vielen Fällen auch begründet. Mängel bestanden zum Beispiel darin:

- kein Nachweis über die Eintragung in die Handwerksrolle
- falsche Firmierung
- fehlerhafter Gesellschaftsvertrag
- unklare Vertretungsregelungen
- unzureichende Stammkapitalerbringungs-Regelungen
- fehlende Nachweise über die wirksame Erbringung des Stammkapitals.

Thüringer Motorrad-Center GmbH

Aller Anfang ist schwer.
Klappern gehört zum Handwerk.
Ein guter Name ist besser als Reichtum.

In der Wendezeit gab es eine große Euphorie bei den Menschen aus den neuen Bundesländern, eine eigene Firma zu gründen. Diese sollte natürlich vor allem auch durch den Firmen-Namen glänzen. Hierzu wurden oft die Grundsätze von Firmen-Klarheit und Firmen-Wahrheit nicht eingehalten und Umstände vorgespiegelt, die tatsächlich nicht der Realität entsprachen.

So gründete ein eher kleinerer Motorrad-Händler in einem kleinen Ort des Gerichtsbezirks eine Firma mit der Bezeichnung „Thüringer Motorrad-Center GmbH" mit dem Mindestkapital von 20.000,00 DM. Nach den firmenrechtlichen Regeln bringt dieser Name (Thüringen in Verbindung mit Center) zum Ausdruck, dass das Unternehmen in Thüringen das (größte, bedeutendste) Motorrad-Center ist, was nach Abstimmung mit den Industrie- und Handelskammern tatsächlich aber nicht der Fall war.

Es war schwer, den Firmengründer von der notwendigen Änderung des Firmennamens, ohne „Thüringer" und „Center" zu überzeugen bzw. diese mittels Zwischenverfügung zu verlangen. Die GmbH besteht seit einigen Jahren nicht mehr. Auf dem Gelände befindet sich heute ein Parkplatz.

Firma Börse Motorrad Stellung Sex KG und andere

Wer zuerst kommt, mahlt zuerst.
Krumme Wege beschädigen das Recht.
Wörter sind auch Schwerter.

Zwei Gesellschafter aus Dortmund gründeten 1999 in der nicht als Hochburg sexueller Geschäftstätigkeit bekannten Kleinstadt Steinbach-Hallenberg 30 Kommanditgesellschaften mit sexuellen Firmennamen. Die Gesellschaften sollten mit der Eintragung in das Handelsregister beginnen. Persönlich haftende Gesellschafterin war eine Dame aus Dortmund. Kommanditist mit einer Bareinlage in Höhe von 500,00 DM war ein Herr aus Dortmund. Die Gesellschaften betreiben online Angebote und Shopping im Internet. Ihr Gegenstand ist der Vertrieb und Versand von Download-Sex, html, www., clubs von fkk, news und Sofortkontakten.

Die Gesellschafter beantragten beim Handelsregister mit analogem Gegenstand die Eintragung nachfolgender Firmen:

1. Gratis Liedermacher Sex KG
2. Geburtstag Neuheit Otto Sex KG
3. Halloween Schlagzeile Sex KG
4. Art Ladies Strapse Sex KG
5. Artikel happy shop Sex KG
6. Auskunft Pärchen Team Sex KG
7. Baby Leder Spielzeug Sex KG
8. Bier Stadt Magazin Sex KG
9. Boutique Sekt Zubehör Sex KG
10. Bikini Screem Tattoo Sex KG
11. Camping Radio Teens Sex KG
12. Chatrooms webdesign Sex KG
13. Collectio mini Tier Sex KG
14. Comic Lexikon Verein Sex KG
15. Comix Kamasutra xxx Sex KG
16. Cracks Office Tool Sex KG
17. Design Haus Sexpartner Sex KG
18. Dominat sado maso Sex KG
19. Doll Sexmagazin Uni Sex KG
20. Einsam Oral Theater Sex KG
21. Eva ISDN Sklave Hund Sex KG
22. Extrem Nudist Paare Sex KG
23. Fakes Praktikum Haut Sex KG
24. Fashion Links Technik Sex KG
25. Fuck Playground Virus Sex KG
26. Gallary Homosexuell Sex KG
27. Alkohol Weekend Sex KG
28. Abenteuer Urlaub tip Sex KG
29. Gummi Sender Vibtrator Sex KG
30. Börse Motorrad Stellung Sex KG.

Das Registergericht hat die Anmeldungen zurückgewiesen, weil bei den gewählten Firmierungen ein Verstoß gegen die guten Sitten vorliege. Zwar habe jedes Unternehmen grundsätzlich das Recht, den Firmennamen zwischen Personen-, Sach- und Phantasiebezeichnungen zu wählen. Die freie Firmenbildung finde aber dort ihre Grenze, wo sie das sittliche und moralische Empfinden weiter Bevölkerungskreise verletze. Das sei hier der Fall.

Dagegen haben die Gesellschafter Beschwerde mit der Begründung eingelegt, keiner der von ihnen gewählten Begriffe verletze das sittliche und moralische Empfinden der Allgemeinheit. Dies gelte insbesondere auch für den Begriff „Sex", der nach dem Verständnis aller Religionen integraler Teil des menschlichen Seins wäre. Auch aus der Kombination des Begriffes „Sex" mit den anderen Begriffen, wie „Fuck", „Playground", „Virus", sei im Zuge eines Firmennamens keine Sittenwidrigkeit zu erkennen. Die bei der Firmennamensbildung verwandten Begriffe seien nicht aufeinander bezogen, sondern nebeneinander gestellt. Eine begriffliche Verbindung einzelner Namensteile wäre willkürlich. Ein Verstoß gegen Sitte und Moral könne allenfalls durch den situativen Kontext dieses Vorgangs berührt sein, was dem Registergericht hinzuzudenken aber verwehrt sei. Es sei nicht Aufgabe des Firmenrechts, die Möglichkeit einer wirtschaftlichen Betätigung aufgrund unausgesprochener Assoziationen des Registergerichts durch Verweigerung der Wahl einer handelsrechtlichen Gesellschaftsform quasi vorbeugend zu verhindern. Vergleichbare Handelsregister-Anmeldungen habe das Registergericht in Dortmund auch eingetragen.

In den Beschwerdeverfahren gegen die Rückweisung der Register-Anmeldungen durch das Registergericht hat das Landgericht Meiningen, Kammer für Handelssachen (Beschwerdegericht) die Entscheidungen des Registergerichts bestätigt und die Anmeldungen zurückgewiesen.

Die Firma hat eine Namensfunktion, der nur eine Kennzeichnung des Kaufmanns gerecht wird, die als wörtliche Bezeichnung der Individualisierung einer Person oder eines Gegenstandes durch die Sprache dient. Dazu gehört, dass der Firmenname aussprechbar ist und durch die klangliche Wirkung eine bestimmte Vorstellung von dem Objekt seiner Benennung hervorruft. Eine Begriffsaufzählung, die keine aussprechbare Phantasiebezeichnung enthält, erfüllt diese Voraussetzungen nicht. Hier steht die Aneinanderreihung von Begriffen im Vordergrund des Firmennamens, die offensichtlich den gezielten Zugang zum Internet erleichtern soll (Domain-Name). Diese Aneinanderreihung von

Begriffen wird im geschäftlichen Verkehr nicht als Firmenname verstanden. Die gedankliche Verbindung der Begriffe kann vom Verkehr durchaus in einem Zusammenhang gebracht werden, der mit dem sittlichen und moralischen Verständnis weiter Bevölkerungskreise nicht konform geht. Der angedachte Firmenname „Fuck Playground Virus Sex KG" beispielsweise ist nur schwer wiederzugeben und auch klanglich nicht mit einem Firmennamen zu verstehen. Analog einer Buchstabenfolge als Firmenname könnte ein Wettbewerber auch durch Hinzufügen weiterer Begriffe die Firmierung quasi „überbieten". Außerdem werden mit den Begriffen teilweise vulgäre Andeutungen getätigt, die Irritationen über den Gegenstand der Gesellschaft erzeugen können. Die Gesellschaft muss im Geschäftsverkehr eine Namensfunktion besitzen. Dies ist hier nicht der Fall. Daran vermochte der Einwand der Beschwerdeführer nichts zu ändern, dass schließlich „Sex" nach dem Verständnis vieler Religionen integraler Teil des menschlichen Seins ist. Die mit dem Namen assoziierten „Firmenzusammenhänge" betreffen nicht nur denkmögliche Inhalte wirtschaftlicher Betätigung der Handelsgesellschaft. Diese Auffassung vertrat auch die hierzu angehörte Industrie- und Handelskammer.

Das Registergericht hatte zurecht die Handelsregistereintragungen nicht vollzogen. Die analogen Beschwerdeentscheidungen des Landgerichts sind rechtskräftig geworden.

Anlässlich meiner Verabschiedung in den Alters-Ruhestand fasste mein Richterkollege diesen Vorgang frei nach Schillers „Glocke" in folgenden Vers:

> *„Nächst ging es um Namens Welten.*
> *Zahl war groß!*
> *Vulgär bloß!*
> *Weicht der Wolf der Ausdrucksstärke?*
> *Müh'los stoppt er diese Werke!*
> *Und bewundert wird sein Schel'ten.*
> *Sex verbannt,*
> *jede Wette,*
> *wilde Firmen werden nette.*
> *Bleiben öde Handelsnamen,*
> *ohne Grauen*
> *und die Sittenlosen schauen:*
> *Hohl wie Stein. "*

GERMANY LIMITED

Germany Limited
mit Sitz in England und Wales,
registriert im „Registra of Companies for England und Wales" in Cardiff
Zweigniederlassung in Deutschland

Warum gründet ein Kraftfahrer oder ein Tischler in England eine Firma als Limited und betreibt diese als Zweigniederlassung in Deutschland?

Gegenstand eines Beschwerdeverfahrens vor der Kammer für Handelssachen im Jahr 2002 war die Rüge einer Gesellschaft englischen Rechts mit Sitz in England und Wales gegen die Rückweisung ihrer Anmeldung einer Zweigniederlassung zur Eintragung in das deutsche Handelsregister durch das örtliche Amts-/Registergericht.

Die Gesellschaft wurde nach englischem Recht gegründet und im Gesellschaftsregister in England und Wales (Companies House) eingetragen. Gegenstand des Unternehmens war eine umfassende Handlungtätigkeit. Das Stammkapital betrug 100 Pfund. Die Gesellschaft meldete beim Registergericht im Landgerichtsbezirk Meiningen die Eintragung einer Zweigniederlassung in einem kleinen Ort des Bezirks und dem Unternehmensgegenstand „Fahrservice" an, offensichtlich dem eigentlichen Gewerbebetrieb. Das Registergericht beanstandete gegenüber der Antragstellerin die vermeintlich fehlende wirtschaftliche Tätigkeit der Gesellschaft in England (Domiziladresse), das geringe Stammkapital von lediglich 100 Pfund und die nach dem deutschen Recht nicht gesetzeskonforme Gründung der Gesellschaft (Sitztheorie). Es wies die beantragte Eintragung der Zweigniederlassung in das deutsche Handelsregister zurück. Bei der in England gegründeten und in das dortige Register eingetragenen Gesellschaft „Germany Limited" mit Sitz in Bristol handele es sich um eine wirtschaftlich inaktive Briefkastenfirma, die in England lediglich ihren juristischen Sitz ohne wirtschaftliche Tätigkeit habe. Die Voraussetzungen für die Eintragung der Zweigniederlassung bestünden nach deutschem Recht wegen der fehlenden Rechtsfähigkeit nicht.

Die Limited machte geltend, dass die Gründung der Gesellschaft durch die Adcomp Corp. Ltd. vermittelt worden und durch deutsche Staatsangehörige mit Sitz in Bristol erfolgt sei. Die Germany Ltd. sei nach englischem Recht ordnungsgemäß gegründet und in das dortige Register für England und Wales in Cardiff eingetragen worden. Sie habe eine Steuernummer erhalten und sei verpflichtet, jährlich durch Vorlage ihrer Bilanzen beim Handelsregister in Cardiff nachzuweisen, dass sie nach wie vor existiert und nicht insolvent geworden ist. Eine Geschäftstätigkeit werde in England nicht ausgeübt. Maßgeblich für die Gründung in England sei die Einsparung von Gründungskosten und deren schnellere Abwicklung gewesen. Die deutschen Gesellschafter hätten die Limited als selbständige Zweigniederlassung in Deutschland beim Finanzamt, beim Sozialversicherungsträger, beim Gewerbeaufsichtsamt und beim Handelsregister angemeldet. Sie unterliege damit der staatlichen Kontrolle. Zweifel an ihrer Seriosität seien unbegründet. Beschränkungen der Niederlassungsfreiheit seien nach europäischem Recht unzulässig.

Das Landgericht (Beschwerdegericht) hat die Eintragung der Zweigniederlassung in das örtliche deutsche Handelsregister angewiesen. Die Eintragung einer Zweigniederlassung der in England gegründeten Firma Germany Limited in das deutsche Handelsregister durfte nicht verweigert werden, weil die Gesellschaft als Kapitalgesellschaft in England gegründet und registriert wurde, ihre Tätigkeit tatsächlich aber in Deutschland am Sitz der Zweigniederlassung ausübt. Anzeichen für eine unredliche, betrügerische Gründung und Tätigkeit der Gesellschaft bestanden nicht.

Der Europäische Gerichtshof hat entschieden, dass diese Gesellschaften grundsätzlich das Recht haben, Zweigniederlassungen zu errichten, wobei ihr satzungsmäßiger Sitz (hier England) ihre Zugehörigkeit zur Rechtsordnung eines Mitgliedstaates bestimmt („Centros-Entscheidung"). Die Verweigerung der Eintragung einer Zweigniederlassung einer ordnungsgemäß im Mitgliedstaat gegründeten Gesellschaft stellt nach dieser Entscheidung einen Verstoß gegen die Wahrnehmung des Niederlassungsrechts dar. Die Rechtsfähigkeit der in England gegründeten Gesellschaft ist zu achten. Dass eine Gesellschaft, in dem Mitgliedstaat, in dem sie ihren Sitz hat, keine Geschäftstätigkeit entfaltet und ihre Geschäftstätigkeit ausschließlich im Mitgliedstaat ihrer Zweigniederlassung ausübt, ist danach unschädlich. Die deutschen Gerichte sind an die Entscheidungen des Europäischen Gerichtshofs gebunden. Die Gründung der Gesellschaft nach englischem Recht allein mit einem niedrigeren Stammkapital als nach nationalem deutschen Recht stellte kein missbräuchliches Verhalten dar.

Warum wählten relativ kleine Unternehmen und Gewerbetreibende einen so umständlichen Weg zur Gründung einer Firma? Hauptgrund dafür waren wohl die relativ strengen Gründungsvorschriften nach dem deutschen Handelsrecht und das benötigte hohe Stammkapital. Danach war vor allem ein weitaus höheres Stammkapital für eine GmbH (25.000 €) erforderlich. Außerdem bedurfte es der Zustimmung einer Vielzahl von Behörden (z. B. Industrie- und Handelskammer, Handwerkskammer, andere Berufsorganisationen). Das Antragsverfahren war relativ kompliziert und langwierig. Die Unternehmen wollten aber die Haftungsbeschränkung (GmbH). Deshalb suchten die Unternehmensgründer vermeintlich einfachere Wege über die Gründung von Limiteds in England, was allerdings tatsächlich für die Firmen nicht immer günstiger war. Auch nach englischem Recht unterlagen diese Gesellschaften der bilanziellen, steuerlichen und rechtmäßigen Kontrolle. Ein Kraftfahrer, eine kleine Tischlerei oder ähnliche Unternehmen bedurften in der Regel nicht der Gründung einer englischen Limited. Zwischenzeitlich dürfte sich die Welle der Gründung englischer Limited durch die Reform des deutschen Handelsrechts (z. B. durch die vergleichbare Unternehmensgesellschaft, UG mit beschränkter Haftung, Stammkapital 50,00 €) deutlich abgeschwächt haben. Gut so!

Welche Auswirkungen wird der Brexit auf diese Firmen haben? Dies bleibt abzuwarten!

Prozessunterbrechung durch englisches Insolvenzverfahren

Europa-Recht für alle Mitgliedstaaten.
Briefkastenadresse im Ausland.
Ordre public.

Die Insolvenzverwalter über das Vermögen dreier bekannter Firmen aus Südthüringen, drei Rechtsanwälte aus Erfurt, forderten mit ihren Klagen vor der Kammer für Handelssachen von dem ehemaligen Geschäftsführer der Gemeinschuldner Schadenersatz in beträchtlicher Höhe wegen Vermögensveruntreuung, Betrug und persönlicher Bereicherung. Über die Erfolgsaussichten dieser Klagen stritten die Parteien zunächst mit unterschiedlichen Standpunkten vor dem Landgericht. Gegen den Geschäftsführer und andere Firmenverantwortliche liefen Strafverfahren.

Das Landgericht hat mit Beschluss vom Februar 2011 ausgesprochen, dass die jeweiligen Rechtsstreite gegen den Geschäftsführer im Hinblick auf die vom Grafschaftsgericht Bournemouth (England) eröffneten Insolvenzverfahren über das Vermögen des Geschäftsführers unterbrochen sind.

Gegen diesen Beschluss legten die Insolvenzverwalter der betroffenen insolventen Firmen Beschwerde ein. Sie begründeten diese damit, dass sich der beklagte Geschäftsführer das englische Insolvenzverfahren erschlichen habe, so dass dieses in Deutschland nicht anzuerkennen sei. Dem beklagten Geschäftsführer sei nämlich im Strafverfahren gegen ihn in Deutschland die Auflage erteilt worden, sich unmittelbar nach seiner Haftentlassung in seinem Wohnort beim Einwohnermeldeamt anzumelden, seinen Reisepass zu den Akten zu reichen und sich einmal wöchentlich auf der Polizeiwache zu melden. Für die Eröffnung eines Insolvenzverfahrens in England sei es aber erforderlich, seinen Wohnsitz oder Schwerpunkt der unternehmerischen Tätigkeit in England zu haben, was vorliegend nicht der Fall sein könne. Der Beklagte habe dort allenfalls eine Briefkastenadresse.

Der Beklagte hatte sich darauf berufen, seine unternehmerischen Aktivitäten mit Schwerpunkt England zu internationalisieren und dort neue Geschäftsfelder zu suchen. Er sei dort mit einer englischen Firma arbeitsvertraglich gebunden und pendelt seitdem zwischen Deutschland und England. Das mitgliedstaatliche Gericht in Großbritannien habe seine Zuständigkeit geprüft und bejaht. Das sei für das deutsche Gericht verbindlich.

Das Landgericht hat den Beschwerden der Insolvenzverwalter gegen den Beschluss, in dem das Ruhen der Verfahren festgestellt wurde, nicht abgeholfen und dem OLG zur Entscheidung vorgelegt. Zur Begründung hat das Landgericht ausgeführt, dass ein in einem anderen Mitgliedstaat der Europäischen Gemeinschaft eröffnetes Insolvenzverfahren einen vor einem deutschen Gericht anhängigen Rechtsstreit nach der ZPO und der Europäischen Insolvenzverordnung unterbricht. Dass die Anerkennung des englischen Insolvenzverfahrens der deutschen ordre public entgegensteht, stehe nicht fest.

Diese Rechtsauffassung hat das Oberlandesgericht geteilt, die Begründung des Landgerichts bekräftigt und die Beschwerden der Insolvenzverwalter gegen den Beschluss zurückgewiesen. Die Unterbrechung ist in der Zivilprozessordnung kraft Gesetzes geregelt.

Für die Insolvenzverwalter und Gläubiger war dies sicher unbefriedigend; aber gesetzlich so vorgeschrieben. Ob im Rahmen oder nach Beendigung des englischen Insolvenzverfahrens die Schadenersatzansprüche der Verwalter vor dem deutschen Gericht erfolgreich fortgesetzt und durchgesetzt werden können, ist fraglich. Im Allgemeinen gilt das Sprichwort: „Wo nichts ist, hat der Kaiser sein Recht verloren".

Erstaunlich ist allerdings, mit welchen juristischen Feinheiten und welcher fragwürdigen Energie offensichtlich berechtigte Forderungen abgewehrt werden, zumindest vorerst.

Welche Auswirkungen hat der Brexit darauf? Sind die Prozesse in Deutschland (Landgericht) auch weiterhin unterbrochen?

III. Kapitel:
Wiedervereinigung, Marktwirtschaft, Landgericht, Kammer für Handelssachen

Aufsehenerregende Prozesse

Mitec gegen Ford

Klein gegen ganz Groß
David gegen Goliath
Der Kampf eines Mittelständlers gegen Weltkonzern

Mit Paragrafen statt mit Steinschleudern
Der Eisenacher Zulieferer Mitec klagt
gegen die Ford Company

Gericht verhandelt über Millionenklage gegen Ford,
Michigan (USA) oder Meiningen?

So titelten die Bildzeitung und „Freies Wort" am 18. September 2009.

Der Eisenacher Automobilzulieferer Mitec verklagt Ford vor der Handelskammer des Landgerichts Meiningen auf Schadenersatz, weil Ford sich ab 2007 nicht mehr an den langfristigen Vertrag über die Lieferung von Balancern (Ausgleichsgctriebe zur Schallreduzierung des Motors) gehalten und diese unzulässig kopiert habe. Ford lasse die „geklauten" Balancer nunmehr in einer Fabrik in Mexiko produzieren. Der Firma Mitec seien dadurch Investitionen in Höhe von mehreren Millionen Euro verloren gegangen und Umsatzausfälle in erheblichen Umfang entstanden. Beziffert wurden diese auf zirka 20 Millionen Euro. Davon wurde erst ein Teilbetrag eingeklagt.

Rechtskräftig entschieden durch alle Instanzen (3 Jahre) wurde, dass die Zuständigkeit eines deutschen Gerichts, des Landgerichts Meiningen, gegeben ist. Wer mit Ford streiten wollte, sollte das nach den Allgemeinen Geschäftsbedingungen von Ford eigentlich in den USA tun. Die Allgemeinen Geschäftsbedingungen von Ford erfüllten aber nicht die Voraussetzungen für eine wirksame abweichende Gerichtsstandsvereinbarung mit einem Gerichtsort in den USA (Michigan). Mitec hatte diese nie anerkannt. Dass sie im Internet einfach einzusehen sind, überzeugte das Gericht nicht. Zur Beweisführung hatte Ford eigens Führungskräfte aus den USA zum Gerichtstermin mitgebracht. Selbst diese konnten sie nicht eindeutig interpretieren.

Die Allgemeinen Geschäftsbedingungen von Ford enthielten hinsichtlich des anzuwendenden Rechts und des Gerichtsstandes die Regelung, dass die Bestellung dem Recht des Hauptgeschäftssitzes des Käufers (Ford) unter Ausschluss der geltenden Bestimmungen über das internationale Privatrecht unterliegt und Rechtsstreitigkeiten über vertragliche Bestimmungen, die sich aus einer Vorbestellung ergeben, ausschließlich vor die dort zuständigen Gerichte zu bringen sind. Hauptgeschäftssitz von Ford ist Michigan (USA). Die UN-Konvention über den internationalen Verkauf von Waren wurde ausdrücklich ausgeschlossen. Für den Zugang zu den Geschäftsbedingungen über die Internetseite von Ford reichte die Erteilung eines sogenannten „Supplier Codes" allein nicht aus. Man benötigte außerdem ein Kennwort. Dass Mitec das Passwort übermittelt wurde, stand nicht fest.

Die Einbeziehung Allgemeiner Geschäftsbedingungen in einen dem UN-Kaufrecht unterliegenden Vertrag richtet sich nach den für diesen geltenden Vertragsabschlussvorschriften. Es ist daher zu prüfen, ob die AGB Bestandteil des Angebots sind. Dabei wird gefordert, dass der Empfänger eines Vertragsangebots (Mitec), die Möglichkeit haben muss, von diesen in zumutbarer Weise Kenntnis zu nehmen. Die Abrufbarkeit der AGB im Internet mit Code reicht dafür grundsätzlich nicht aus. Die Geschäftsbeziehungen über die Lieferung der Autoteile (Balancer) aus einem internationalen Kaufvertrag unterliegen daher dem UN-Kaufrecht. Die internationale Zuständigkeit des Landgerichts Meiningen für den Schadenersatzprozess folgt aus dem Erfüllungsort für Zahlungsverpflichtungen. Dieser lag bei der Firma Mitec in Deutschland.

Zum Prozesstag über den Schadenersatzanspruch selbst reisten ehemalige und aktuelle Ford-Mitarbeiter aus den USA und sogar aus Thailand zur Beweisaufnahme vor dem Landgericht Meiningen an. Hierzu wurde die Hilfe eines Englisch-Dolmetschers in Anspruch genommen.

Über den Schadenersatz-Anspruch dem Grunde nach ist nunmehr rechtskräftig entschieden. „Es ist ein Paukenschlag in der Automobilindustrie: Nach siebeneinhalb Jahren Rechtsstreit stellt der Bundesgerichtshof fest, dass einer der größten Automobilkonzerne der Welt für das Kopieren der Technologie aus Eisenach zahlen muss." So titulierte „Freies Wort" in der Ausgabe vom 13./14. Mai 2017. Der Rechtsstreit ist damit aber noch nicht erledigt. Über die Höhe des zu leistenden Schadenersatzes muss das Landgericht Meiningen noch entscheiden. Das dürfte nicht einfach werden und längere Zeit dauern. Darum beneide ich meinen Nachfolger nicht. Vielleicht einigen sich die Parteien im Hinblick auf die weiteren mit der Fortsetzung des Prozesses verbundenen erheblichen Kosten doch noch?

In einer Verhandlung im Februar 2012 hatte der Anwalt auf Seiten der Ford Company vorgeschlagen, dass im Rahmen einer Mediation zur Beilegung des Rechtsstreits ein pensionierter Richter den Schaden ermitteln sollte. Das könnte die Grundlage für einen Vergleichsabschluss der Parteien werden.

Ich kenne zwischenzeitlich einen solchen pensionierten Richter. Allzu ernst sollte der Leser diese Bemerkung aber nicht nehmen. Schließlich bin ich ja im „Ruhestand".

Nachwort

Anlässlich meiner Verabschiedung in den Alters-Ruhestand fasste mein Richter-Kollege diesen Fall frei nach Schillers „Glocke" in folgende Verse:

„Wohl! Nun kann der Stuss beginnen,
schön gezackt ist das Getriebe.
Doch da Ford es lässt nicht drinnen,
bittet Mitec Wolfes Spruch!
Stößt den Spruch erst raus:
Zuständig das Haus!
Auch wenn's geht bis ganz nach oben
Wolfs Urteil trotzt allen Wogen.
Wohltätig ist des Geldes Macht,
wenn sie den Zeugen zähmt, bewacht,
und was er schildert, was er rafft,
das fließt dann in die Urteilskraft,
doch furchtbar wird die Richterkraft,
wenn sie des Geldes Rätsel rafft,

zwanzigtausend in Dollar pur
für Meiningen – US retour.
Wehe, wenn sie's Urteil lasen,
was nach Jahren drei dann stand,
Ford musst' kräftig Federn lassen,
hört von ungeheurer Schand!
Und sie nehmen's nicht gelassen,
das Gebild' aus Menschenhand.
Aus den Seiten
quillt kein Segen,
ungelegen,
nur zum Grunde, ohne Zahl,
weit're Qual!"

Tendenzschutz

Krankenhauskonzern unmittelbar und überwiegend karitativ tägig?
Betriebsräte in den Aufsichtsrat eines Medizinkonzerns?

„Das Wir steht vor Gericht", so titelte „Freies Wort" in seiner Ausgabe vom 13. Juli 2013 in Anlehnung an die Schlagzeile der Konzernspitze des Regiomed-Verbundes Sonneberg/Coburg im Oktober 2012 auf dem Titelblatt der Mitarbeiterzeitschrift. Damit hatte sich die Konzernspitze an die Mitarbeiter gewandt und an deren Teamgeist appelliert. Dies klang für die Belegschaft wie blanker Hohn, wurden sie doch von den Entscheidungen absichtlich ferngehalten. Die Betriebsratsvorsitzenden wurden nicht mehr zu den Aufsichtsratssitzungen eingeladen. Es kam zum Zerwürfnis.

Im Regiomed-Verbund sind bzw. waren die kommunalen Kliniken von Sonneberg, Hildburghausen, Schleusingen, Lichtenfels und Coburg über Kreis- und Ländergrenzen hinweg vereint. Der Stadt- und Landkreis Coburg, die Stadt Schleusingen sowie die Landkreise Hildburghausen, Lichtenfels und Sonneberg brachten dazu ihre Krankenhäuser in den Gesundheitsverbund ein. Hinzu kamen medizinische Versorgungszentren, Altenheime, Rettungsdienste und einige Tochtergesellschaften, die verschiedene Dienstleistungen erbringen. Der Verbund wurde zum Konzern umgebaut und mit einer Zentralverwaltung versehen. Insgesamt waren bzw. sind zirka 4.800 Personen beschäftigt. Er ist ein Mittel, um im Wettbewerb zu bestehen.

In den Regiomed-Kliniken stritten die Mitarbeiter für mehr Mitbestimmung und für ihre Berufung in den Aufsichtsrat. Sie klagten vor der Kammer für Handelssachen des Landgerichts in einem Statusverfahren darüber, ob bei der Regiomed-Kliniken GmbH ein Aufsichtsrat nach den Vorschriften des Mitbestimmungsgesetzes zu bilden und zusammenzusetzen ist. Schwerpunkt des Verfahrens war die Frage, ob die Regiomed-Kliniken GmbH als beherrschendes Unternehmen der Regiomed-Unternehmensgruppe einschließlich deren Einrichtungen selbst und im Unternehmensverbund Tendenzschutz wegen unmittelbarer und überwiegend karitativer Zweckbestimmung genießt oder nicht. Das Mitbestimmungsgesetz sieht vor, dass ab 2.000 Mitarbeiter Vertreter in den Aufsichtsrat zu entsenden sind. Eine Ausnahme besteht, wenn das Unternehmen unmittelbar und überwiegend karitativ tätig ist, Tendenzschutz genießt.

Das Gericht hat die paritätische Besetzung des Aufsichtsrates des Regiomed-Verbundes beschlossen und festgestellt, dass der Regiomed-Kliniken GmbH kein Tendenzschutz zukommt, weil sie bzw. die Medinos Unternehmensgruppe (Krankenhausgesellschaften, Einrichtungen, Servicegesellschaften und Medizinische Versorgungszentren) bei der gebotenen Gesamtschau nicht unmittelbar und überwiegend karitativen Bestimmungen dienen. Die Beschäftigung von mehr als 2.000 Mitarbeitern und die Konzerneigenschaft des Medizinverbundes waren unstreitig zwischen den Verfahrensbeteiligten. Der Konzerncharakter im Sinne des Mitbestimmungsgesetzes gründet sich darauf, dass die Unternehmensgruppe eine wirtschaftliche Einheit darstellt, bei der sich die einzelnen Unternehmen einer zentralen Leitung mit einer auf das Gesamtinteresse der verbundenen Unternehmen ausgerichteten Zielkonzeption unterstellen. Dies folgt vor allem aus der mit der zentralen Leitung und Verwaltung beabsichtigten Erhaltung und Verbesserung der Leistungsfähigkeit und Wirtschaftlichkeit der mit der Gesellschaft insgesamt verbundenen Krankenhaus GmbHs und Einrichtungen einschließlich der Beschaffung von Mitteln für die Verwirklichung des Zwecks, das Gesundheitswesen zur Versorgung der Bevölkerung zu fördern. Die Voraussetzungen für die paritätische Mitbestimmung der Arbeitnehmer sind insoweit erfüllt. Das Mitbestimmungsgesetz gilt nur für die Unternehmen nicht, die unmittelbar und überwiegend karitativen Bestimmungen dienen. An das Vorliegen dieser Ausnahmen sind strenge Maßstäbe anzulegen. Diese waren nicht gegeben. Im Konzern wurden auch Wärmelieferungen, Gebäudevermietungen, Winterdienstarbeiten, Sicherheitsaufgaben u.a. getätigt und verkauft. Ohne die nicht Tendenz geschützten Unternehmen wäre der Betrieb des Unternehmensverbundes nicht möglich. Auf Einzelheiten soll hier verzichtet werden.

Das rechtlich Interessante und Neue war die Auslegung, dass auch in einem medizinischen Konzern der Aufsichtsrat nach den Bestimmungen des Mitbestimmungsgesetzes zu bilden ist, wenn kein Tendenzschutz besteht.

Die Konzernleitung hat zunächst den Beschluss des Landgerichts nicht akzeptiert und Beschwerde beim Oberlandesgericht eingelegt. Das führte allerdings nicht zum Erfolg. Das Verfahren wurde offensichtlich auf der Basis des Landgerichtsbeschlusses für erledigt erklärt.

Fristlose Kündigung eines Klinikum-Geschäftsführers

Etwas falsch machen, aber sich nicht bessern,
das ist erst der Fehler
Beim Geschäft hört die Freundschaft auf.
Der Kläger ist kein Richter.

Viel Aufsehen im Süd-Westen Thüringens sorgte im November 2004 die sofortige Kündigung des allgemein bekannten Geschäftsführers eines größeren Klinikums durch den Aufsichtsrat und den Landrat des Kreises als Alleingesellschafter. Der Vorwurf lautete, der Geschäftsführer habe „Scheinrechnungen" abgezeichnet und zur Bezahlung freigegeben, ohne diese überprüft zu haben. Tatsächlich seien darüber gar keine Leistungen erbracht worden. Insbesondere habe er den Prokuristen F. überwachen müssen und nicht blind vertrauen dürfen. Dieser habe strafrechtlich relevante Handlungen zu Lasten des Klinikums begangen. Der Geschäftsführer habe außerdem Zahlungen entgegen der ihm im Geschäftsführer-Dienstvertrag auferlegten Beschränkung in Höhe von 100.000 Euro und 65.000 Euro ohne Zustimmung des Aufsichtsrates veranlasst. Diesen hätten keine Leistungen zugrunde gelegen. Zudem habe er Material des Klinikums für den Bau seines Eigenheims veruntreut.

Mit seiner Klage vor dem Landgericht, Kammer für Handelssachen gegen das Klinikum B. begehrte der Geschäftsführer die Feststellung, dass sein Geschäftsführer-Anstellungsvertrag mit dem Klinikum durch die außerordentliche Kündigung nicht aufgelöst wurde, sondern unverändert fortbesteht.

Er habe keine Pflichten verletzt und den ihm vorgelegten Rechnungen auch nicht ansehen können, dass keine Leistungen, Lieferungen dafür erbracht worden seien. Das habe in der Verantwortung seines Prokuristen gelegen. Er sei nicht verpflichtet, den Prokuristen zu kontrollieren.

Das Gericht hat die Klage des Geschäftsführers gegen seine Abberufung abgewiesen.

Er hat seine Pflichten als Geschäftsführer in einer Weise verletzt, die eine außerordentliche Kündigung rechtfertigt. Er hat kein Kontrollsystem zur Unterbindung von Scheinrechnungen eingerichtet, das es ermöglichte, das Fehlen der in Rechnung gestellten Lieferungen und Leistungen unabhängig von den Formalien der ausgestellten Rechnungen aufzudecken. Das schloss auch die Überwachung des Prokuristen F. und der beiden Tochtergesellschaften des Klinikums (Servicegesellschaft und Seniorenpflegegesellschaft) mit ein. Das Klinikum, die Servicegesellschaft und die Seniorenpflegegesellschaft bildeten einen Konzern, der zu leiten und zu kontrollieren war. Die Buchführung musste ordnungsgemäß sein. Der beauftragte Buchprüfer war fortlaufend zu überwachen. Daran hat es der klagende Geschäftsführer vermissen lassen.

Gegen diese Pflichten hat der Geschäftsführer verstoßen. Er hat Scheinquittungen für Mitarbeiter-Präsente und angebliche Lieferungen von Briefkastenfirmen ermöglicht. Darunter fiel auch eine Privatreise der Familie des Prokuristen. Das hat ein Sonderprüfungsbericht des Wirtschaftsprüfers ergeben. Darüber hinaus hat er offensichtlich Mittel und Materialien des Klinikums für sein Eigenheimbau eingesetzt.

Der Geschäftsführer hat damit nachhaltig elementare betriebswirtschaftliche Pflichten verletzt, die ihn für das übertragene, verantwortungsvolle Amt als ungeeignet erscheinen lassen. Dem steht auch sein Alter (60 Jahre) und seine lange Geschäftsführertätigkeit (zirka 10 Jahre) nicht entgegen. Gegen ihn und den Prokuristen liefen Ermittlungsverfahren wegen dieser Pflichtverletzungen. Das Ergebnis ist mir nicht bekannt. Darauf kommt es bei der Prüfung der Kündigung aus wichtigem Grund hier auch nicht an.

Das Oberlandesgericht hat im Berufungsverfahren die Entscheidung des Landgerichts bestätigt und die Klage des Geschäftsführers gegen seine Kündigung ebenfalls abgewiesen.

„Rezept-Prämie bis zu 3,00 Euro geschenkt!"

„Für die Einlösung eines Rezeptes bekommen Sie
pro verschreibungspflichtigem Arzneimittel einen 1,00 Euro
Einkaufsgutschein geschenkt!"
„Pro Rezept erhalten Sie für maximal drei Arzneimittel
einen Einkaufsgutschein."

Der Ober sticht den Unter!

Der Kläger ist ein Apotheker aus dem Landgerichtsbezirk in Südthüringen. Er stritt mit der Zentrale zur Bekämpfung unlauteren Wettbewerbs (Beklagte) darüber, ob er seinen Kunden bei der Einlösung von Rezepten für verschreibungspflichtige und damit preisgebundene Arzneimittel eine „Rezept-Prämie" in Form eines beim Kauf nicht rezeptpflichtigen Arzneimittel einlösbaren Einkaufsgutschein im Wert von mehr als einem Euro ankündigen und gewähren darf. Er lobte mit einem Flyer eine Rezept-Prämie von bis zu drei Euro aus. Diese war so ausgestaltet, dass der Kunde für die Einlösung eines Rezeptes pro verschreibungspflichtigem Arzneimittel einen Ein-Euro-Einkaufsgutschein erhält. Pro Rezept erhielt der Kunde maximal für drei Arzneimittel einen Einkaufsgutschein.

Die Wettbewerbszentrale mahnte den Apotheker deswegen mit der Begründung ab, die Bewerbung und Gewährung einer solchen Prämie verstoße gegen das Arzneimittelpreisrecht und sei damit auch wettbewerbswidrig. Der Apotheker habe die Werbung daher zu unterlassen, wozu er strafbewehrt zu verurteilen sei. Der Apotheker hingegen vertrat die Auffassung, dass kein wettbewerbsrelevanter Verstoß gegen die Arzneimittelpreisverordnung vorliege. Nach der Rechtsprechung des BGH sei die wettbewerbsrechtliche Spürbarkeitsgrenze nicht überschritten, wenn die Werbung bei Abgabe von Werbegaben, Bonuspunkten, Talern oder Gutscheinen den Wert von 1,00 Euro nicht übersteigt. Dies sei auf das einzelne verschreibungspflichtige Arzneimittel, nicht aber auf das Rezept bezogen. Ein Fünf-Euro-Gutschein pro Rezept überschreite allerdings die Spürbarkeitsgrenze und sei daher unzulässig. Die Klage sei abzuweisen.

Wie würden Sie entscheiden?

„Graubereich" der Spürbarkeitsgrenze zwischen ein, drei oder fünf Euro pro Rezept.

Das Landgericht hat der Klage stattgegeben und den Apotheker zur Unterlassung der Bewerbung von verschreibungspflichtigen Arzneimitteln mit Einkaufsgutscheinen bis zu drei Euro pro Rezept verurteilt, weil dadurch die Spürbarkeitsgrenze nach der Arzneimittelpreisverordnung überschritten ist. Die gesetzlich festgesetzte Preisbindung für verschreibungspflichtige Medikamente soll gewährleisten, dass die im öffentlichen Interesse gebotene flächendeckende und gleichmäßige Versorgung der Bevölkerung mit Arzneimitteln sichergestellt ist. Ein Verstoß gegen diese Vorschriften liegt nicht nur dann vor, wenn für das preisgebundene Arzneimittel zwar der korrekte Preis angesetzt wird, mit dem Erwerb aber dem Kunden Vorteile gewährt werden, die den Erwerb für ihn wirtschaftlich günstiger erscheinen lassen, so z. B. durch einen entsprechenden Gutschein. Es handele sich nicht um eine geringfügige Kleinigkeit (z. B. eine Packung Tempo-Taschentücher). Die Gewährung eines Bonus von 3,00 Euro pro Rezept ist nicht mehr Ausdruck einer allgemeinen Kundenfreundlichkeit, sondern stellt für den Kunden bereits einen nicht zu vernachlässigenden wirtschaftlichen Vorteil dar. Dies insbesondere bei der Ausstellung mehrerer Rezepte. Es ist anzunehmen, dass der Kunde sich durch die in Aussicht gestellte Rezept-Prämie bis zu drei Euro bei seiner Einlösungs- oder Kaufentscheidung von dem versprochenen Vorteil leiten lässt. Das geht zu Lasten anderer Apotheker und ist damit wettbewerbswidrig.

Das Oberlandesgericht hat im Berufungsverfahren die Auffassung des Landgerichts nicht geteilt und die Klage der Wettbewerbszentrale abgewiesen. Die Ankündigung von Einkaufsgutscheinen, Bonustalern und Ähnlichem bei der Einlösung von Rezepten für verschreibungspflichtige Arzneimittel verstoße zwar gegen die Arzneimittel Preisbindungsvorschrift und sei daher unlauter im Sinne des Wettbewerbsrechts. Die Ankündigung und Gewährung eines Einkaufsgutscheins von bis zu drei Euro pro Rezept überschreite aber nicht die Spürbarkeitsschwelle. Der versprochene Bonuswert habe sich am Arzneimittel, nicht am Rezept zu orientieren. Die geringwertige Kleinigkeit liege bei einem Euro. Diese gelte für das einzelne Arzneimittel.

Der BGH hat in dem dazu stattgefundenen Revisionsverfahren die Auffassung des Oberlandesgerichts geteilt und die Spürbarkeitsschwelle bei drei Euro pro Rezept verschreibungspflichtiger Arzneimittel für nicht überschritten betrachtet.

Pech gehabt,
Wettbewerbszentrale!

Apotheker, der große Sieger?
Doch nicht!

In der Literatur und vor allem beim berufsgenossenschaftlichen Apotheker-Verband stießen die Entscheidungen des Oberlandesgerichts und des Bundesgerichtshofs auf Unverständnis und Ablehnung. Sie forderten von ihren Apothekern die Unterlassung jeglicher diesbezüglicher Werbung für verschreibungspflichtige Arzneimittel analog der Landgerichts-Entscheidung. Danach haben sich die Apotheker offensichtlich auch gehalten.

Übrigens habe ich nach Beendigung dieses Verfahrens zirka zwanzig anhängige weitere Wettbewerbsverfahren zwischen den betroffenen Apothekern aus Thüringen und Bayern vor dem Landgericht Meiningen, dem Landgericht Coburg sowie dem Oberlandesgericht Bamberg durch einen komplexen Vergleich beenden können. Zwischen den Apothekern hatte ein regelrechter „Kleinkrieg" geherrscht. Sie mahnten sich gegenseitig nach durchgeführten Kontrollen in der Apotheke sowie im Internet für Preisverstöße und andere unlautere Werbung ab.

Danach gingen keine neuen Klagen ein.

Offensichtlich: Friede!

So hatte der Prozess über die Rezept-Prämie auch noch etwas Gutes!

Kammer für Handelssachen = Baukammer?

Handwerk hat goldenen Boden.
Wo die Pfuscher haben Brot,
leiden wack're Meister Not.
Gegenläufiges Gefälle in den Bädern -
Duschwasser im Wohnzimmer.

Die Kammer für Handelssachen des Landgerichts ist, wie sich das bereits aus dem Namen ergibt, für Handelssachen zuständig. Bausachen und Ingenieurleistungen sind keine Handelssachen. Demnach ist die Kammer für Handelssachen für diese eigentlich nicht zuständig. Soweit es sich allerdings um Baugeschäfte von Kapitalgesellschaften (GmbH, Aktiengesellschaften usw.) handelt, können diese auch die Handelskammer anrufen. Das geschah in vielen Rechtsstreitigkeiten gegen einen im Gerichtsbezirk ansässigen größeren Baubetrieb mit bundesweiter Bautätigkeit für Alten- und Pflegeheime, Gesundheitseinrichtungen und anderen größeren Bau-Objekten. Dieser beantragte bei eingehenden Klagen gegen ihn grundsätzlich die Zuständigkeit der Handelskammer des Landgerichts. Das sorgte für viel Arbeit und eine sehr gute Auslastung des Richters. Nachfolgend möchte ich als Beispiel nur einen dieser Rechtsstreitigkeiten darstellen.

Das verkehrt herum eingebaute Gefälle in der Nass-Zelle eines Altenpflegeheims führte dazu, dass das Duschwasser statt in den Abfluss des Bades in das Wohnzimmer läuft.

Das kann ja mal passieren???

Nein, das darf nicht sein.

Obiger Baubetrieb G. beauftragte den Fliesenbaubetrieb H. als Nach-Auftragnehmer mit Fliesenverlegerarbeiten in deren Bauvorhaben „Seniorenresidenz Laurentius". Für diese Arbeiten forderte der Fliesenleger mit der Klage restlichen Werklohn. Er habe die Arbeiten ordnungsgemäß ausgeführt. Das unzureichende Gefälle stamme von den vorhergehenden Estrich-Arbeiten. Darauf habe er hingewiesen. Zwischen Tür und Bodenablauf hätte mindestens ein Gefälle von 3,5 cm sein müssen. Das war nicht vorhanden. In den Nasszellen hätten die Abläufe tiefer gesetzt werden müssen. Die Bauleiterin der Baufirma G. habe ihn trotz seines Hinweises auf das ungenügende Gefälle zur Ausführung der Fliesenarbeiten angewiesen und erklärt, dass das Gefälle-Problem durch Tiefersetzen der Gullys gelöst werde. Das war aber offensichtlich nicht der Fall. In der Beweisaufnahme haben Zeugen ausgesagt, dass in einigen Zimmern Spritzwasser steht. Teure Nachbesserungen zur Beseitigung des Gefälle-Mangels standen an.

Das Gericht hat dem Fliesenleger den restlichen Werklohn zugesprochen. Das Urteil wurde rechtskräftig. Möglicherweise wäre das anders ausgegangen, wenn die Bauleiterin ihn nicht ausdrücklich zur Ausführung der Arbeiten trotz

des Hinweises auf das ungenügende Gefälle und der von ihr beabsichtigten Lösung durch Vertiefung des Gullys beauftragt hätte.

Nicht die allergrößte Dachdeck-Kunst"!

Was lange währt, wird endlich gut.
Durch Schaden wird man klug.
Gefahrenstelle „Oberer Hof".

Eine Dachdecker GmbH war mit der Planung und Ausführung von Sanierungsarbeiten an den Dächern des Restaurant-Komplexes „Oberer Hof" in Oberhof betraut. Dort hatten sich wiederholt Dachschindeln gelöst, waren heruntergefallen und gefährdeten die Gäste der Stadt Oberhof und des „Oberen Hofs". Zudem lösten sich Dachgitter und Dachbalken. Es stürzten Dachlawinen und Eisschollen auf die Straße und auf das Gelände. Außerdem waren Dachrinnen undicht. Durch das herauslaufende Wasser löste sich teilweise der Außenputz des Objektes. Ein trauriges Bild und eine gefährliche Situation ergaben sich daraus.

Der Dachdeckbetrieb reparierte das Dach und die Nebenanlagen. Das geschah allerdings ungenügend. So berücksichtigte der Dachdeckerbetrieb zum Beispiel nicht, dass das Objekt in einer Höhe von fast 1.000 Meter liegt und hier harte Winter- und Wetterbedingen herrschen. Einfache Schindeln entsprechen diesen Anforderungen offensichtlich nicht. Das gilt auch für die dünnen Alu-Schnee-Auffanggitter am Dach. Die vorhandenen Dachfenster und Wasserabläufe wurden ebenfalls nicht ordnungsgemäß eingefasst. Das führte dazu, dass sich erneut Dachschindeln lösten und die Passanten ernsthaft gefährdeten. Eisbrocken und Dachlawinen stürzten herab.

Der Betreiber des Gaststätten-Komplexes verweigerte wegen dieser Mängel die Bezahlung der Dacharbeiten.

In dem vom Dachdecker gegen den Gaststätteninhaber angestrebten Prozess zur Durchsetzung seiner Werklohnforderungen verwies ich darauf, dass es sich im Hinblick auf die zurecht gerügten Mängel am Dach augenscheinlich nicht um die allergrößte Dachdecker-Kunst handelt. Das konnte der Betrieb nicht widerlegen und schob die unzureichende Ausführung auf nicht qualifizierte Arbeiter und deren ungenügenden Kontrollen.

In dem ergangenen Urteil habe ich Ersatzleistung in Form der vollständigen Neueindeckung und Sanierung des Daches entschieden. Vorher gibt es kein Geld. Monate später konnte ich mich selbst davon überzeugen, dass der Dachdecker das Gebäude neu eingerüstet und das Dach offensichtlich ordnungsgemäß errichtet hat. Vielleicht ging es ihm selbst gegen die Handwerker-Ehre!

Spruchverfahren – Was ist das?

Verschmelzung von Aktiengesellschaften.
Anfechtung der Aktionäre wegen vermeintlich zu geringer Bewertung des Vermögens der Aktiengesellschaften.
Zuzahlung für jede übertragene Stückaktie an die Aktionäre.

Bei meinem Gesetzes- und Literaturstudium hatte ich 2003 festgestellt, dass ein Spruchverfahrensneuordnungsgesetz in Kraft treten sollte. Ich hatte vorerst keine Ahnung, was das eigentlich ist. Dann bekam ich mit, dass es sich dabei um eine spezielle Verfahrensordnung für die Verschmelzung, Herauslösung und Zusammenlegung von Aktiengesellschaften handelt. Nicht so schlimm, dachte ich, in unserem Gerichtsbezirk gibt es nicht so viele Aktiengesellschaften. Wird für mich wahrscheinlich gar nicht praktisch.

Denkste!

Kaum gedacht, hatte ich auch schon ein solches Verfahren in meiner Kammer. Wahrscheinlich das erste und lange Zeit das einzige Verfahren dieser Art in Thüringen. Es handelt sich dabei um eine so spezielle und schwierige Materie, dass man diese Verfahren sinnvollerweise bei einem Landgericht oder sogar beim Oberlandesgericht konzentrieren sollte. Fragen sie mal Richter nach einem Spruchverfahren! Die meisten kennen das nicht und können damit auch nichts anfangen. Und dann, ein ehemaliger DDR-Richter soll es richten.

Na prima!
Um was ging es?
Jetzt wird es schwierig!

Mit Beschluss vom Dezember 2005 stimmte die Hauptversammlung der GAP AG als übertragende Gesellschaft der (ihrer) Verschmelzung auf die Group AG als übernehmende Gesellschaft zu. Als Gegenleistung für die Übertragung des Vermögens der GAP AG gewährte die Group AG mit Wirksamwerden der Verschmelzung den Aktionären der GAP AG auf der Grundlage der durchgeführten Unternehmensbewertungen beider Aktiengesellschaften für eine auf den Inhaber lautende Stückaktie mit einem anteiligen Betrag am Grundkapital von 1,00 Euro der GAP AG eine auf die Group AG lautende Stückaktie mit einem Betrag von 1,00 Euro zuzüglich einer Zuzahlung von 0,01 Euro für jede übertragene Stückaktie der GAP AG.

Die Aktionäre der übertragenden GAP AG erachteten die der Barabfindung zugrundeliegenden Bewertungen der Aktiengesellschaften aber als fehlerhaft und die bare Zuzahlung als nicht angemessen. Im Rahmen der Verschmelzung sei die GAP AG zu gering bewertet worden. Sie fochten die Beschlüsse daher an und forderten eine höhere Bewertung und Zuzahlung.

Bei den Antragstellern handelte es sich um einige Aktionäre der übertragenden Gesellschaft. Teilweise sind es „Berufs-Anfechter", die sich etwaige Unzulänglichkeiten in kleineren Aktiengesellschaften zu eigen machen und das mit dem Ziel beanstanden, daraus Zahlungsverbesserungen zu erreichen. Zur Vermeidung langer Verfahrenszeiten und erheblicher Kosten bei der Neubewertung bzw. Überprüfung des Vermögens der AG werden oft für sie günstige Vergleiche geschlossen. Für die weiteren Aktionäre wird ein gemeinsamer Vertreter (meist Rechtsanwalt) bestellt und mit der Wahrnehmung ihrer Interessen beauftragt und beteiligt.

Auf die konkreten Probleme der vorliegenden Verschmelzung soll wegen ihrer Spezifika nicht weiter eingegangen werden. Die Verfahrensbeteiligten haben sich hier schließlich angemessen auf die Zuzahlung von 0,04 Euro je früherer GAP-Aktie geeinigt und im Zuge des Umtausches an die Aktionäre ausgezahlt. Dies war sachgerecht. Täuschen lassen sollte man sich allerdings nicht von dem gering erscheinenden Betrag von 0,04 Euro je Aktie. Bei der Vielzahl der Aktien kommen beträchtliche Werte zustande.

Das Verfahren wurde auf dieser Basis durch Vergleich beendet und im Bundesanzeiger veröffentlicht.

Gut so!

Gesellschaftsrechtsstreitigkeiten / Wettbewerbsprozesse

Völlig neue, umfangreiche und sehr interessante Aufgabengebiete für mich in der Kammer für Handelssachen des Landgerichts.

Schwerpunkt meiner richterlichen Tätigkeit nach der Wiedervereinigung.

Gesellschaftsrecht und Wettbewerbsrecht spielten in der DDR kaum eine Rolle.

Gesellschaftsrechtliche Streitigkeiten

Familiendramen

Villen in der Schweiz und Spanien,
Autos und Jeeps der gehobenen Klasse,
Bankkonten im Ausland und eigener Hubschrauber.
Wie gewonnen, so zerronnen.
Vergleichen und Vertragen ist besser
als Zanken und Klagen.

Auffallend in den von mir zu verhandelten Gesellschaftsrechtsstreitigkeiten ist, dass diese oft im Zusammenhang mit familiären Problemen standen, oft auch im Zusammenhang mit der Übernahme oder der Fortsetzung ehemaliger enteigneter Betriebe aus der DDR-Zeit.

Ein besonders gravierender Fall, den ich nur sehr allgemein, mit veränderten Namen und Produkten darstellen und zum besseren Verständnis etwas freier gestalten möchte, zog sich mit einer Vielzahl von Prozessen und gerichtlichen Handlungen über mehrere Jahre ab 2008 hin. Alle Versuche des Gerichts sowie des Oberlandesgerichts, eine Einigung zwischen den Parteien zu erzielen oder im Rahmen eines Mediationsverfahrens Frieden zwischen den Familienmitgliedern zu stiften, scheiterten.

Um was ging es?

Eine bewegende Geschichte, die vielleicht auch für eine Boulevard-Zeitung interessant gewesen wäre.

Im Mittelpunkt des Geschehens stand ein guter Facharbeiter und besorgter Familienvater, der nach der Wende aus einem ehemaligen Betriebsteil eines Volkseigenen Betriebes ein neues Unternehmen, eine GmbH gründete. Gesellschafter der GmbH waren der Vater mit 51 % der Geschäftsanteile sowie anteilig seine Ehefrau, seine Tochter und sein Sohn. Die GmbH fertigte bedeutsame und gerade in den neuen Bundesländern nach der Wende sehr begehrte und dringend benötigte Elemente für die Bauindustrie und andere Wirtschaftsbereiche. Das Unternehmen prosperierte enorm und warf beträchtliche Gewinne ab. Es wurde erzählt, dass die Gesellschafter Villen in der Schweiz und Spanien hatten, Pkws und Jeeps der gehobenen Fahrzeugklasse fuhren und beträchtliche Bankguthaben besaßen. Der Vater und Hauptgesellschafter des Unternehmens besaß einen eigenen Hubschrauber und flog diesen selbst. Für die damaligen Verhältnisse nach der Wiedervereinigung in einem mittelständischen Unternehmen in den neuen Bundesländern durchaus kein Normalfall und sehr beachtlich.

Die Firma hatte mehrere Handelsvertreter mit dem Vertrieb ihrer Produkte in ganz Deutschland und darüber hinaus beauftragt. Diese leisteten offensichtlich gute Arbeit, was aus dem Volumen der Aufträge für die GmbH abgeleitet werden kann. Bereits zu dieser Zeit war ich mit der Firma in Handelsvertreterprozessen über Provisions- und Ausgleichsansprüche befasst, was aber bei einem Unternehmen dieser Größe nichts Außergewöhnliches ist. In diesem Zusammenhang lernte ich den Vater persönlich kennen. Er ist mir als ein kompetenter und hart verhandelnder Partner in Erinnerung. In einem bestimmten Stadium des Prozesses bzw. der Verhandlung, zu einem bestimmten erreichten Stand war er allerdings auch sehr verständig, einsichtig und akzeptierte gut gemeinte Vergleichsvorschläge: „Schluss, das machen wir jetzt so."

Zwischenzeitlich hatte der Vater eine Prokuristin beschäftigt, die nach Aussagen der Prozessbeteiligten seine Freundin war. Nach meiner Einschätzung haben er und die Prokuristin die Hauptarbeit geleistet und die Geschicke der Gesellschaft bestimmt. Die Familienmitglieder, Ehefrau und Kinder, lebten offensichtlich von den erzielten Gewinnen der Gesellschaft, und das nicht schlecht. Seine Freundin, die Prokuristin, hatte er offensichtlich im Interesse ihrer finanziellen Absicherung in einer eigens gegründeten Einkaufs- und Lieferservicegesellschaft mit 49 % Geschäftsanteilen beteiligt, die restlichen Anteile hielt er selbst.

Im Sommer 2008 verstarb der Vater ganz plötzlich und völlig unerwartet. Er hatte geschäftlich an Vieles gedacht. Die Erbverhältnisse nach seinem Tod hatte er jedoch offensichtlich nicht bzw. nicht eindeutig geregelt. Natürlich wollte er im Alter von zirka 60 Jahren noch nicht sterben. Wer will das schon, aber danach geht es halt leider nicht.

Auf einmal waren Mutter, Tochter und Sohn mit der großen Firma und den sich daraus ergebenden wirtschaftlichen Zwängen und Problemen befasst. In einer ersten Gesellschafterversammlung nach dem Tod des Vaters setzten sie sich, Sohn und Tochter, zu Geschäftsführern ein und entließen die Prokuristin, die vermeintliche Freundin des Vaters. Gerade sie kannte sich aber aufgrund ihrer jahrelangen Tätigkeit für die Firma mit den Belangen des Unternehmens bestens aus. Ihr Rauswurf war möglicher Weise nicht die klügste Entscheidung.

Später nahmen sie eine Aufteilung der väterlichen Gesellschaften und Befugnisse so vor, dass die Tochter die Herstellerfirma in Deutschland weiterbetreibt und der Sohn die Firma in der Schweiz erhält, die Zulieferungen von der deutschen Firma der Tochter bekommt. Die Probleme fingen bereits bei den Lieferungen und vor allem deren schleppenden Bezahlung an. So entstanden bereits hier ernsthafte Zerwürfnisse zwischen den Geschwistern.

Schließlich wurde der Sohn als Geschäftsführer der Herstellerfirma in Deutschland abberufen. Er gerierte sich aber weiter als Geschäftsführer der ehemaligen väterlichen Firma und strebte in Gesellschafterversammlungen das Verbot der Geschäftsführung durch seine Schwester an. Das wollte er mit mehreren einstweiligen Verfügungen gerichtlich durchsetzen. Andererseits forderte die Schwester ihrerseits das Verbot der Geschäftsführertätigkeit gegenüber ihrem Bruder. Mehrere Verfahren hierzu gingen kostenträchtig bis zum Thüringer Oberlandesgericht. Die Entscheidungen zugunsten der Tochter aufgrund der selbst vorgenommenen Aufteilung des Unternehmens und der Geschäftsführung hatten zunächst Bestand. Damit war der Streit zwischen den Gesellschaftern und den Geschwistern aber nicht beigelegt.

Die Tochter mutmaßte, dass ihr Bruder aufgrund seines Lebenswandels nicht in der Lage ist, die Geschäftsführung sinnvoll wahrzunehmen und die Firma ausblutet, ruiniert. Der Bruder seinerseits widersprach dem Vorwurf und beschuldigte seine Schwester, das Unternehmen kaputt zu machen. Angeblich habe sie einen Freund über das Internet kennengelernt, den sie zum neuen

Prokuristen der GmbH bestellen wolle. Nach seiner Einschätzung wolle er sich nur die Vermögenswerte der Unternehmen aneignen. Daraus folgten wechselseitig weitere Anträge der Geschwister auf Erlass einstweiliger Verfügungen über die Berufung bzw. Abberufung als Geschäftsführer.

Schließlich zogen die Geschwister sich gegenseitig die Geschäftsanteile der Gesellschaften ein. Über deren Wirksamkeit stritten sie erbittert vor dem Land- und Oberlandesgericht. Kern der Auseinandersetzungen war insbesondere die Frage, ob der Beschluss der Mutter und der Tochter, wonach die Tochter per Vollmacht mit den Stimmen der Mutter die Erbengemeinschaft des verstorbenen Vaters gegen den Sohn vertritt und so in den Gesellschafterversammlungen immer die Stimmenmehrheit besitzt, rechtswirksam ist. Die Erbengemeinschaft hat grundsätzlich nur ein Stimmrecht. Die Stimmen sind gemeinschaftlich auszuüben. Das ist laut Gesetz nur bei Geschäften der laufenden Verwaltung nicht erforderlich. Waren die Geschäftsanteilseinziehung und die Geschäftsführerabberufung des Sohnes Geschäfte der laufenden Verwaltung? Das Landgericht verneinte das, weil es sich bei der Geschäftsanteilseinziehung um Grundlegendes handelt. Das OLG hingegen meinte, die Handlungen seien der laufenden, ordnungsgemäßen Verwaltung zuzuordnen. Konsequenz ist, dass die von der Tochter zu Lasten des Sohnes gefassten Gesellschafterbeschlüsse wirksam sind und der Sohn außen vor war.

Einige Prozesse landeten sogar beim Bundesgerichtshof. Sie wurden von ihm aber nicht abschließend entschieden, weil der Sohn nicht mehr in der Lage war, die Kosten des Revisionsverfahrens aufzubringen und die Inanspruchnahme von Prozesskostenhilfe versäumte. Der Sohn teilte zum Schluss mit, dass er in einem Container wohnt. Soweit kann es kommen!

Die Prozesse waren sehr schwierig, aufwendig und mit einem hohen Streitwert behaftet. Kaum ein Schriftsatz der Prozessbevollmächtigten der Parteien war unter sechzig Seiten. Gestritten wurde kostenintensiv über viele juristische Spitzfindigkeiten (z. B. über die wirksame Zustellung der Einladung zur Gesellschafterversammlung in den Briefkasten). Um die vergleichsweise Beilegung der Rechtsstreite zwischen Mutter, Tochter und Sohn habe ich mich sehr bemüht. Manchmal war ich nah an einer Lösung, dann scheiterte diese aber wieder an Kleinigkeiten. Wenigstens die Ansprüche der ehemaligen Prokuristin gegen die Gesellschaften konnte ich im Wege eines komplexen Vergleiches klären.

Als Registerrichter in der Wendezeit habe ich mich oft über die umfangreichen erbrechtlichen Regelungen in den Gesellschaftsverträgen gewundert. Wie wichtig diese sind, ist mir durch die vorstehenden Rechtsstreite klargeworden. Eindeutige Regelungen über die Vertretung der Erbengemeinschaft und die Erbfolge in den Gesellschaftsverträgen und Satzungen sind im Interesse der Fortsetzung der Unternehmen sehr wichtig und notwendig. Sie hätten hier viel Geld und Ärger erspart. Eine weitere Schlussfolgerung ist, dass nicht über eine Vielzahl von Einzelprozessen gesellschaftsrechtliche Probleme geklärt werden sollten, sondern bei schwierigen Sachverhalten über einvernehmliche Regelungen, eventuell im Rahmen von Mediationsverfahren. „Ein magerer Vergleich ist besser als ein fetter Prozess!".

Tochter gegen Vater

Eigennützlich, keinem nützlich.
Die besten Eltern haben oft ungeratene Kinder.
Des Menschen Wille ist sein Himmelreich.

Der ehemalige Besitzer eines zu DDR-Zeit verstaatlichten Betriebes erwarb diesen im Rahmen der Reprivatisierung nach der Wende wieder und gründete daraus eine Hoch- und Tiefbau GmbH. An der GmbH hielt der Familienvater 51% Geschäftsanteile, 49% hielt seine Tochter. Die Tochter war Geschäftsführerin der Gesellschaft. In einer Gesellschafterversammlung 1999 wurde ihre Geschäftsführervergütung auf 8.800,00 DM festgesetzt. Eine stolze Summe für ein kleines mittelständisches Unternehmen. Später wurde sie aber reduziert.

Über die wechselseitige Berufung und Abberufung als Geschäftsführer kam es zwischen Vater und Tochter in der Folge zu erheblichen Differenzen und Auseinandersetzungen. So wurde mit Beschluss der Gesellschafterversammlung von 2003 mit den Mehrheitsstimmen des Vaters die Tochter als Geschäftsführerin der Bau-GmbH abberufen und der Vater zum Geschäftsführer bestimmt. Das Geschäftsführeranstellungsverhältnis mit der Tochter wurde vom Vater für die GmbH aus wichtigem Grund gekündigt. Hierüber wurden vor dem Landgericht zwischen ihnen mehrere Prozesse geführt. Unter anderem forderte die Tochter von der Gesellschaft ausstehendes Geschäftsführergehalt.

Die beklagte GmbH, vertreten durch den Vater, lehnte das mit der Begründung ab, dass die Tochter als Geschäftsführerin das gesamte Anlage- und Umlaufvermögen der GmbH ohne Beschluss der Gesellschafterversammlung der Firma ihres Ehemanns zu einem viel zu niedrigen Verkehrswert verkauft habe. Der Bau-GmbH sei es deshalb unmöglich, noch eine werbende Tätigkeit auszuüben. Sie habe die elterliche Firma faktisch in den wirtschaftlichen Niedergang getrieben. Insoweit sei die Kündigung des Geschäftsführeranstellungsvertrages aus wichtigem Grund erfolgt. Vergütungsansprüche bestünden nicht. Außerdem habe sie in dieser Zeit keinerlei Geschäftsführertätigkeit entfaltet. Das hat das Gericht genauso gesehen und die Vergütungsklage der Tochter abgewiesen.

Die Tochter erstattete außerdem Strafanzeige gegen ihren Vater wegen Insolvenzverschleppung.

Die Auseinandersetzungen zwischen Tochter und Vater setzten sich fort. Sie luden wechselseitig zu Gesellschafterversammlungen ein, in denen sie jeweils die Geschäftsanteile der anderen Partei einziehen wollten und sich als Geschäftsführer abberiefen. Hierüber kam es zu erbitterten Rechtsstreitigkeiten. Streitig war unter anderem, ob die wegen Krankheit des Vaters verschobene Versammlung wirksam einberufen wurde und überhaupt beschlussfähig war. Das verneinte das Landgericht. An den Vertretungsverhältnissen änderte sich deshalb nichts. Die väterliche Bau-GmbH wurde schließlich liquidiert. Die Tochter setzte offensichtlich den Betrieb ihres Mannes fort. Sie wechselte nicht nur wiederholt ihren Anwalt, sondern dem Vernehmen nach zwischenzeitlich auch ihren Ehemann.

Schönes Familienleben!

Der Sohn des Vaters trat in den Prozessen nicht in Erscheinung. Ihm gegenüber war die Aufteilung des väterlichen Betriebes offensichtlich geglückt.

Auch in diesem Fall wurden Nachfolgeregelungen im Gesellschaftsvertrag nicht ausreichend getroffen. Die Aufteilung des Betriebes zwischen den Geschwistern wäre so einfacher ohne viel Ärger und Geld möglich gewesen.

Firma ausgeblutet

Leicht ist es, einen Laden zu eröffnen,
doch schwer, ihn aufzuhalten.
Der eine pflanzt den Baum,
der andere isst die Pflaum.
Ehrlich währt am längsten.

Spezielle, typische Prozesse vor der Kammer für Handelssachen des Landgerichts unmittelbar nach der Wiedervereinigung gab es auch insoweit, dass Probleme und Auseinandersetzungen zwischen Gesellschaftern gemeinsamer GmbHs aus den alten und den neuen Bundesländern auftraten. Nachfolgend soll ein solches Beispiel genannt werden.

Die Klägerin, eine GmbH aus den alten Bundesländern, die Kompensatoren herstellt, nahm die Beklagten, zwei Diplom-Ingenieure aus den neuen Bundesländern, als Gesamtschuldner wegen treuwidrigem, gesellschaftsfremden Verhalten auf Schadenersatz in Anspruch.

Die Klägerin produziert und handelt mit Kompensatoren. Zur Erschließung des Marktes in den neuen Bundesländern gründete sie im Juni 1990 mit zwei Diplom-Ingenieuren für Anlagen und Maschinenbau ein gemeinsames Vertriebsunternehmen, die Kompaflex GmbH (Name geändert). Von der Stammeinlage hielt die Klägerin 51 %, die Beklagten jeweils 24,5 % (insgesamt 49 %). Zu Geschäftsführern dieser GmbH wurden die beiden Gesellschafter aus den neuen Bundesländern bestellt. In den Geschäftsführeranstellungsverträgen war unter anderem bestimmt, dass die Geschäftsführer für die Aufnahme einer Nebentätigkeit, für die Beteiligung an anderen Unternehmen der vorherigen Zustimmung der Gesellschafterversammlung bedürfen und sie für die Dauer von einem Jahr nach Beendigung des Anstellungsvertrages einem Wettbewerbsverbot unterliegen.

Bereits im September 1992 schloss die Klägerin mit der Kompaflex GmbH, der neu gegründeten gemeinsamen Vertriebs-GmbH, einen Kooperationsvertrag, wonach diese ihre Produkte in den neuen Bundesländern vertreibt und die Kundenberatung durchführt.

Im September 1997 eröffnete das zuständige Amtsgericht das Gesamtvollstreckungsverfahren über das Vermögen der Kompaflex GmbH.

Die Klägerin behauptete in dem angestrengten Schadenersatzprozess, die Beklagten hätten wettbewerbswidrig der gemeinsamen Gesellschaft, der Kompaflex GmbH, Konkurrenz gemacht und diese zu ihren Gunsten ausgeblutet. Die beklagten Ingenieur-Gesellschafter hätten verschwiegen, dass sie bereits an der im Juli 1992 gegründeten Firma ihrer Frauen, der TIS GmbH (Name geändert), die Kompensatoren montiert und teilweise auch herstellt, als Strohmänner beteiligt sind. Um ihren Einfluss zu verschleiern, hätten sie ihre Ehepartner zu Gesellschaftern der TIS GmbH bestimmt, die ebenfalls bei der gemeinsamen Kompaflex GmbH beschäftigt seien. Ziel der Beklagten sei es, den gesamten Markt an Kompensatoren in den neuen Bundesländern zu übernehmen.

Die Klägerin forderte in dem Prozess Ersatz des Schadens, der ihr dadurch entstanden sei, dass sie ihres gemeinsamen Vermögens in der Kompaflex GmbH entkleidet worden sei. Der gutachterlich festgestellte Ertragswert der Kompaflex GmbH belaufe sich auf Millionen DM. Hinzu käme der Schaden aus dem Bruch des Kooperationsvertrages. Die Beklagten hätten die Gewinne aus dem Vertrieb der Kompensatoren in den neuen Bundesländern selbst vereinnahmen wollen und vereinnahmt. Dies werde durch die von ihnen 1994 einberufenen Gesellschafterversammlungen und Beschlüsse dokumentiert, wonach die Gesellschaft aufzulösen sei, ihnen die Nebentätigkeit gestattet und das Wettbewerbsverbot aufgehoben wird. Außerdem hätten die Beklagten im Namen der Firma ihrer Frauen Rundschreiben an alle ehemaligen Kunden der gemeinsamen Kompaflex GmbH gesandt, in denen die weitere Betreuung durch dieses Unternehmen angekündigt worden sei. Sie hätten damit Werte der Kompaflex GmbH zu ihrem Vorteil ausgebeutet und den Kooperationsvertrag mit der Klägerin gebrochen, um ihr Schaden zuzufügen. Die Treuepflichtverletzung liege darin, dass sie quasi wirtschaftliche Eigentümer der Firma TIS GmbH waren, ohne dass hierfür eine Zustimmung der Gesellschafterversammlung der Kompaflex GmbH vorlag.

Die Beklagten verweigerten Schadenersatzleistungen mit der Begründung, dass aufgrund der besonderen Situation in den neuen Bundesländern die Kunden neben den Kompensatoren-Lieferungen auch deren Montage verlangt hätten. Deshalb sei die Firma TIS gegründet worden. Aufgrund der zunächst außerordentlich guten Entwicklung der Kompaflex GmbH habe die Klägerin selbst Gelder aus der Firma gezogen. Später habe es wirtschaftliche Schwierigkeiten gegeben, so dass die Gesellschaft aufzulösen und das Wettbewerbsverbot für die Beklagten aufzuheben war.

Nach einer umfangreichen Beweisaufnahme hat das Landgericht die Beklagten gesamtschuldnerisch zu Schadenersatzleistungen an die Klägerin verurteilt, da diese ihre gesellschaftsvertraglichen Treuepflichten bzw. Pflichten aus dem Geschäftsführeranstellungsvertrag schuldhaft verletzt haben. Sie waren verpflichtet, die Geschäftstätigkeit der gemeinsamen GmbH zu fördern, ihr keine Konkurrenz zu machen und nicht auf deren Auflösung hinzuarbeiten. Dagegen haben sie aber mit der von ihnen initiierten Firma TIS verstoßen.

Das Urteil des Landgerichts, das die Beklagten dem Grunde nach zum Schadenersatz verurteilte, hatte auch im Berufungsverfahren vor dem Oberlandesgericht Bestand. Schließlich wurde vor dem Landgericht bei der Fortsetzung des Prozesses über die Höhe der Forderung nach langwierigen Verhandlungen ein Vergleich geschlossen.

Firmenfortführung

Haftung des Erwerbers eines Handelsgeschäfts für
Verbindlichkeiten des übernommenen Betriebes -
eine weitgehend unbekannte HGB-Vorschrift.
Vorsicht ist die Mutter der Porzellankiste.
Vorsorge verhindert Nachsorge.

Der Kläger, Pkw-Vertragshändler, lieferte im Rahmen eines sogenannten Direkthändlervertrages in den Jahren 2002 und 2003 mehrere Pkw an das „Autohaus M.". Der Inhaber des Autohauses M, Vater seiner Söhne Klaus und Peter (Namen geändert) meldete das Gewerbe 2004 ab. Seine Söhne betreiben auf dem Firmengelände des ehemaligen Autohauses ihres Vaters nunmehr selbst den Handel mit Pkw und die Kfz-Reparatur.

Für die Pkw-Lieferungen an das väterliche Autohaus M. verlangte der Vertragshändler von einem der beiden Söhne des M. die Bezahlung offener Rechnungen in Höhe von zirka 70.000 Euro.

Der klagende Autohändler machte geltend, der beklagte Sohn führe den elterlichen Autohandelsbetrieb fort. Er habe die Fahrzeuge bestellt. Der Kraftfahrzeughandel werde tatsächlich vom Beklagten unter dem ursprünglichen Namen „Autohaus M." fortgeführt. Die Anschrift und das ehemalige Betriebsgelände seien gleich. Außerdem seien Gerätschaften und Angestellte von ihm übernommen worden. Der Beklagte sei auch gegenüber dem Kläger aufgetreten. Zerwürfnisse zwischen den Brüdern, die zunächst gemeinsam die väterliche Firma fortsetzen wollten, seien nicht von ihm zu vertreten.

Der Sohn hielt sich für die Forderungen des Autohändlers nicht zuständig. Die Fahrzeuge seien aufgrund des Vertrages seines Vaters mit dem Vertragshändler an das Autohaus M. geliefert worden. Die Fahrzeugbestellungen habe er für dessen Autohaus in der Funktion eines Verkäufers ausgelöst. Das gelte auch für die teilweise von ihm vorgenommene Ausstellung von Schecks. Er führe das väterliche Autohaus nicht fort, sondern betreibe einen angegliederten Betrieb. Das Autohaus des Vaters führe sein Bruder weiter. Er habe auf dem Firmengelände nur die Werkstatteinrichtung und den Ausstellungsraum erhalten, was durch Fotos dokumentiert werde.

Nach der Beweisaufnahme durch Vernehmung des Vaters, des anderen Sohnes und weiterer Zeugen hat das Landgericht der Zahlungsklage stattgegeben, weil der Beklagte nach Überzeugung des Gerichts das väterliche Handelsgeschäft hinsichtlich des betriebenen Kfz-Handels und der Kfz-Reparatur zumindest teilweise erworben und fortgeführt hat. Nach Aufgabe und Abmeldung des Gewerbes „Kfz-Handel und Kfz-Reparatur" durch den Vater und der von den Söhnen gegründeten, aber gescheiterten „Autohaus M. KG" gerierte sich der Beklagte nach außen als Inhaber des „Autohauses M.", meldete das Gewerbe Kfz-Handel auf dem Betriebsgelände an, löste Fahrzeugbestellungen für das Autohaus M. aus, führte die Verkaufsverhandlungen und nahm die gelieferten Pkw ab.

Der Beklagte hat damit nach außen den Rechtsschein gesetzt, dass er Inhaber des „Autohauses M." ist und eine Kontinuität dokumentiert. Als Erwerber eines Handelsgeschäfts haftet er für alle im Betrieb des Geschäfts begründeten Verbindlichkeiten des früheren Inhabers, wenn er dieses fortführt (§ 25 HGB). Das war hier nach Ansicht des Gerichts der Fall. Die Brüder mögen sich untereinander auseinandersetzen. Die Fahrzeuge wurden geliefert und sind zu bezahlen. Das meinte jedenfalls das Landgericht.

Das Berufungsgericht sah das anders und wies die Klage ab.

Na ja!

Nachschuss-Forderung statt Altersvorsorge

Naivität über Nachteile und Risiken eines Rentenmodells.
Wunsch nach höheren Erträgen macht blind.

Der Kläger, Insolvenzverwalter über das Vermögen der Immobilien- und Finanzmanagement GmbH aus Frankfurt am Main, forderte von dem Beklagten, einem Fuhrunternehmer, die Nachzahlung von Gesellschaftsmitteln entsprechend der errechneten Verlustquote der insolventen Gesellschaft (48,78 %) in Höhe von zirka 9.000 Euro.

Die Finanzmanagement GmbH wurde 1996 gegründet und verfolgte den Zweck, Immobilien, Wertpapiere sowie Beteiligungen an Unternehmen zu erwerben, zu verwalten und zu verwerten. Das erforderliche Kapital brachte diese GmbH auf, indem sie zahlreiche Kleinanleger, so auch den Beklagten, als atypische stille Gesellschafter warb, die durch Beitrittserklärungen zur Gesellschaft an dieser partizipieren konnten. Zu diesem Zweck wurden 1997 der Gesellschaftsvertrag und ein Emissionsvertrag erstellt.

Mit der Beitrittserklärung von 1998 beteiligte sich der Beklagte mit einer Einlage in Höhe von 45.000 DM sowie mit einer späteren Einlage in Höhe von weiteren 6.000 DM an der Gesellschaft. Er zahlte die vorgesehene Einmal-Einlage in Höhe von 13.500 DM. Im Übrigen waren nach der Beitragserklärung monatliche Raten in Höhe von 250 DM mit einer Laufzeit von 180 Monaten zu leisten. Wunsch des Fuhrunternehmers und seiner Frau, die ebenfalls Beitrittserklärungen abgab, war, durch diese Anlageform einen höheren Ertrag als bei einer Lebensversicherung zu erwirtschaften. Seine Ehefrau beteiligte sich mit einer Einlage in Höhe von 22.800 DM.

Die Beitragserklärung (Zeichnungsschein) enthielt einen Hinweis der Finanz GmbH darauf, dass es sich nicht um eine mündelsichere Kapitalanlage, sondern um eine Unternehmensbeteiligung mit Chancen aber auch Risiken handelt. Die Werberin der Anlage bestätigte nach dem Formular, den Zeichner über den Inhalt der Vertragsbedingungen einschließlich der Risiken belehrt und diesem ausgehändigt zu haben. Insgesamt zeichnete der Fuhrunternehmer ein Kapital in Höhe von 64.500 DM.

Der Fuhrunternehmer machte geltend, über das Kapitalanlagemodell von der Finanzfirma nicht ausreichend aufgeklärt worden zu sein. Die Unterzeichnung fand in den Privaträumen des Beklagten statt. Vorausgegangen waren mehrere, teils familiär geführte, Privatgespräche. Die Geschäftsführerin und eine Mitarbeiterin der Firma (Werberin) hätten ihn und seine Ehefrau in mehreren Wochenendbesuchen die Beteiligung empfohlen. Er sei als Anleger getäuscht worden und dem selbstbewussten Auftreten der Werber erlegen. Wirtschaftliche Schwierigkeiten der Gesellschaft hätten diese nicht erwähnt.

Der Insolvenzverwalter bestand auf seiner Forderung und meinte, es handele sich um einen Fall der Vertragsreue und ausgesprochener Naivität des Anlegers. Das befreie ihn nicht von der Nachschuss-Verpflichtung.

Das Gericht hat die Klage des Insolvenzverwalters gegen den Anleger auf Leistung eines Nachschusses entsprechend der Verlustquote der insolventen Firma abgewiesen, weil ihm anlässlich seiner Beitrittsentscheidungen erhebliche Umstände betreffend der Nachteile und der Risiken des Rentenmodells vorenthalten wurden. Nach dem Emissionsprospekt (Wertpapierprospekt) besteht die Verlustbeteiligung des Beitretenden in voller Höhe der Einlagesumme. Darüber wurde nicht gesprochen.

Die ordnungsgemäße Erfüllung der Aufklärungsverpflichtungen des Finanzunternehmens hätte einer ausdrücklichen Information des Anlegers darüber bedurft, welche Kapitalverhältnisse zur Sicherung der Altersversorgung des Gesellschafters vorhanden sind und auf welche Risiken deren Beschaffung beruht. Der Anleger hätte dann für sich entscheiden können, ob die vorgesehene Beschaffung des Kapitals zur Sicherung der versprochenen Auszahlungen auf der Basis von Kapitalzuflüssen stiller Beteiligungen ohne größere eigene Vermögenswerte der Gesellschaft das für ihn geeignete Konzept der Altersvorsorge ist. Insbesondere hätte aufgezeigt werden müssen, welche Verlustbeteiligungen im Falle einer Insolvenz der Gesellschaft auf den Anleger in größerem Umfang zukommen können. Das Anlageziel war hier die Altersvorsorge. Es bedurfte daher einer besonderen Aufklärung über die Risiken der Anlage. Das ist nicht geschehen.

Die Beweisaufnahme ergab, dass in den Vermittlungsgesprächen durch die Werberin den Anlegern umfangreiche Rechenbeispiele über vier bis fünf Stunden offeriert wurden. Der Anleger wurde mit Zahlen überhäuft und „besoffen gequatscht". Ein Zeuge führte aus, die Anlagenanbieterin habe ihnen, den Anlegern, erklärt, dass ihr Bausparvertrag aufgelöst werden sollte und das Geld besser für ihre Altersvorsorge eingesetzt werden könnte, damit sie für ihren Lebensabend ordentlich was haben. Der Beklagte hat bekundet, nur eine Rentenversicherung gewollt zu haben. Es sei nicht die Rede davon gewesen, dass er Mitglied einer Gesellschaft wird. Er habe eigentlich eine Kapitallebensversicherung unterschreiben wollen. Tatsächlich habe er die fettgedruckte Überschrift mit dem Hinweis auf eine atypische stille Gesellschaft nicht bewusst wahrgenommen. Er habe nicht richtig durchgeblickt. Er sei davon ausgegangen, dass es sich bei dem Vertragsformular um die von ihm gewünschte Kapitallebensversicherung handelt, die ihm und seiner Frau Sicherheit für das Alter gewährt. Das konkrete Rentenmodell habe er tatsächlich nicht gekannt. Für ihn war das etwas „Gutes". Neben seiner Frau hätten sie sogar für ihren Sohn einen Vertrag mit abgeschlossen. Von Risiken sei nicht die Rede gewesen. Sie wurden getäuscht und unzureichend beraten. Damit haben sie aufrechenbare Gegenansprüche gegen die Gesellschaft, die mit den Nachschussforderungen aufgerechnet werden können. Die Klage war daher abzuweisen. Das gilt auch für die analoge Klage des Insolvenzverwalters gegen die Ehefrau des Beklagten. Die Entscheidungen sind rechtskräftig geworden.

Verkannt werden kann jedoch nicht, dass der Fuhrunternehmer besonders gutgläubig und naiv gehandelt hat. Derart wichtige Rentenmodelle sollte man nur abschließen, wenn man deren Inhalt und die Risiken kennt und vollständig verstanden hat. Die „Einwicklung" bei Kaffee und Kuchen anlässlich von Wochenendbesuchen der Werber sollte einem Kaufmann nicht passieren.

Nochmal Schwein gehabt!
Obacht!

Unlauterer Wettbewerb

> *Die Pillen der Apotheker sind außen Gold und innen Galle.*
> *„Oleg Lohnes Revitaler" – Akupressur-Matte*
> *gegen Herzinfarkt, Schlaganfall, Hörsturz und Rückenprobleme.*
> *Glaubt das die Apothekerin wirklich?*

Der Verband Sozialer Wettbewerb e. V. machte gegen die Apothekerin M. in Bad Salzungen einen wettbewerbsrechtlichen Unterlassungsanspruch wegen irreführender Werbung für eine Massage-Matte mit der Bezeichnung „Oleg Lohnes Revitaler" geltend, die sie im Internet bewirbt. Bei dem „Revitaler" handelt es sich um eine Akupressur-Matte im Umfang von 30 × 40 cm, die Oleg L. aus Sankt Petersburg erfunden hat. Nach der Werbung liegen die Stärken der Matte in der Intensivierung der Ganzkörperdurchblutung. Dabei wirkten drei Mechanismen:

1. Energie-Vitalitätspumpe
2. großflächige Akupressur
3. spezielle Hebelwirkungen.

Der Revitaler unterstütze den körpereigenen Umverteilungsprozess beim Ausgleich von Defiziten und den Abbau von Staus (Verstanden?). Die Matte sei die optimale Ergänzung für unterschiedliche therapeutische Maßnahmen.

In der dazugehörigen PDF-Datei wird die Matte als Energie-Vitalitäts-Pumpe beschrieben und erklärt, dass viele Erkrankungen, wie Herzinfarkt, Schlaganfall, Hörsturz und Rückenprobleme, auf eine schlechte Durchblutung zurückzuführen sind. Die Stärke des „Oleg Lohnes Revitaler" liege in der Intensivierung der Ganzkörperdurchblutung. Verantwortlich dafür seien vor allem die „Energie-Vitalitäts-Pumpe" und die großflächige Akupressur. In der Praxis sehe das so aus: Liege das Problem oben, lege man den Revitaler unten an, liegt es rechts, wendet man ihn links oder umgekehrt an (wenn doch alles so einfach wäre!).

Der Wettbewerbsverband mahnte die Apothekerin daraufhin ab und verlangte, die Werbung zu unterlassen. Die der Akupressur-Matte beigemessenen Wirkungen seien tatsächlich nicht vorhanden und schon gar nicht medizinisch erwiesen. Aufgrund der verweigerten Abgabe der Unterlassungserklärung begehrte der Wettbewerbsverband die Unterlassung der Werbung mittels einer einstweiligen Verfügung des Landgerichts. Mit der Werbung der Apothekerin werde bei Anwendung des Revitalers die Vorbeugung von Krankheiten sowie deren Besserung und Heilung suggeriert. Das Gerät eigne sich nur für eine oberflächliche Behandlung der Haut. Eine Tiefenwirkung sei nicht vorhanden. Dass die Akupressur-Matte eine ähnliche oder sogar über die Akupunktur bestimmter Körperpunkte hinausgehende Wirkung besitzt, stehe nicht fest. Die zu behandelnden Körperstellen sollten großflächig behandelt werden.

Die Apothekerin meinte, bei dem Gerät handele es sich nicht um Arzneimittel, sondern um ein Medizinprodukt. Die Anforderungen an dieses seien geringer. Sie habe den Revitaler nicht mit therapeutischen Wirkungen beworben, sondern nur auf unterstützende, begleitende Verfahren hingewiesen. Die Wirkungsweise des Gerätes beruhe auf anerkannten Naturheilverfahren nach dem Reizreaktionsprinzip. Es habe den Charakter einer „Fakir-Matte". Der Revitaler müsse mindestens 20 Minuten eingesetzt werden. Danach ströme das Blut zurück („Schubs").

Wie würden Sie entscheiden?

Das Landgericht hat die Apothekerin antragsgemäß zur Unterlassung verurteilt.

Die Bewerbung des „Oleg Lohnes Revitalers" ist irreführend und wettbewerbswidrig, weil der Massage-Matte in der Werbung eine Wirkung bzw. therapeutische Leistung als gesichert zugeschrieben wird, die sie in Wirklichkeit nicht besitzt. Ob es sich dabei um ein Arzneimittel oder ein Medizinprodukt handelt, spielt keine Rolle. Dem Gerät wird eine ganz bestimmte therapeutische Wirkung in Bezug auf die Ganzkörper-Durchblutung bescheinigt, das es nicht aufweist. In der Werbung wird nicht erwähnt, dass die Erzielung der ausgelobten Wirkungen wissenschaftlich umstritten bzw. ungesichert ist. Schon bei einer Akupressur gibt es schulmedizinisch Zweifel an bestimmten Wirkungen. Das gilt umso mehr für eine Massage-Matte. Für gesundheitsbezogene Wirksamkeitsbehauptungen gelten strenge Maßstäbe. Diese sind hier von der Apothekerin nicht glaubhaft gemacht worden.

Die Werbung mit besonderen gesundheitsfördernden Eigenschaften der Massagematte hat auch eine wettbewerbsrechtliche Relevanz. Sie beeinflusst die Kaufentscheidung der Kunden und war daher zu untersagen. Das Oberlandesgericht hat das im Berufungsverfahren genauso gesehen und das Urteil des Landgerichts bestätigt, die Berufung zurückgewiesen.

Unverständlich für mich ist, wie eine Apothekerin, die für mich medizinisch bewandert und quasi „Erfüllungsgehilfe" des Arztes ist, derartigen Versprechungen einfach vertrauen kann. Dabei kommt offensichtlich auch die „Krämer"-Seele durch. Die Matte kostet nach meiner Erinnerung stolze 120 Euro. Für eine „Gummi-Matte" ähnlich einer Fußmatte mit Noppen ziemlich viel.

Arzneimittelwerbung durch Apothekerin ohne Pflichtangaben

„Zu Risiken und Nebenwirkungen lesen Sie
die Packungsbeilage oder fragen Sie
ihren Arzt oder Apotheker".
„Exklusiv in unserer Apotheke".
Überörtliche Gerichts-Zuständigkeit aus der Internetwerbung.

Die Inhaberin einer Apotheke in einer Stadt im Nordwesten Baden-Württembergs vertreibt gleichzeitig bundesweit über das Internet Arzneimittel. Sie erzielt mit dem Internetgeschäft einen erheblichen Umsatz. Eine Apothekerin aus einer Stadt in Südthüringen bewarb ihr Angebot ebenfalls über das Internet. Über ihre Internetseite waren verschiedene Werbeflyer abrufbar, in denen sie unter anderem für diverse Gesichtscremes sowie diverse Arzneimittel warb, ohne die Grundpreisangaben in unmittelbarer Nähe des Kaufpreises zu machen und ohne den vorgeschriebenen Pflichttext „zu Risiken und Nebenwirkungen lesen Sie die Packungsbeilage oder fragen Sie ihren Arzt oder Apotheker" anzugeben. Weiterhin warb sie für Produkte des Herstellers „Louis Widmer" mit der Werbeaussage „Die Hautpflege Nr. 1 aus der Schweiz – exklusiv in unserer Apotheke" und für die pflanzlichen Arzneimittel „Canephron N Dragees" und „Canephron Tropfen" mit der Werbeaussage „die pflanzliche Dreierkombination bei Blasenentzündung". Die Pflegeserie „Louis Widmer" war auch in vielen anderen Apotheken erhältlich. Die „Canephron N Dragees" und Tropfen sind nicht dazu geeignet, eine Blasenentzündung eigenständig zu behandeln, sondern dienen lediglich der unterstützenden Behandlung neben anderen Medikamenten. Daraufhin hat die Apothekerin aus Baden-Württemberg die Apothekerin aus Südthüringen abgemahnt und mittels einstweiliger Verfügung zur Unterlassung der Werbung aufgefordert. Diesem Antrag gab das Landgericht statt. Im Hinblick auf das Angebot und den Vertrieb gleicher Arzneimittel über das Internet durch beide Apotheken bestand zwischen diesen ein Wettbewerbsverhältnis. Die Apothekerin aus Baden-Württemberg konnte die Apothekerin aus dem „fernen" Südthüringen verklagen. Sie war klagebefugt.

Der Unterlassungsanspruch selbst war auch berechtigt. Die Pflichtangabe „zu Risiken und Nebenwirkungen lesen Sie die Packungsbeilage oder fragen Sie ihren Arzt oder Apotheker" ist eine allgemein bekannte Grundbelehrung und für eine Apotheke eine Selbstverständlichkeit. Die weiter behauptete Exklusiv-Stellung bei der Creme von einem schweizerischen Hersteller lag tatsächlich nicht vor. Auch andere Apotheken haben diese im Angebot. Die Werbung für die „Canephron"- Produkte war irreführend, weil ihre unterstützende Eigenschaft nicht deutlich genug wurde.

Im Widerspruchsverfahren hat die beklagte Apothekerin den Anspruch anerkannt. Das einstweilige Verfügungsverfahren wurde durch beiderseitige Erledigungs-Erklärungen eingestellt.

Himalaya Kristallsalz aus Pakistan

Versprich wenig, aber halte viel!
Stille Wasser sind tief.

Der Wettbewerbsverband B. mahnte eine Händlerin von Naturheilprodukten aus Südthüringen ab. Sie hatte über die Internetplattform Ebay „Himalaya Salz" angeboten, das als naturbelassene Salzkristalle von den nördlichen Hängen des Himalaya stammen soll. Tatsächlich handele es sich um Salz, das in der sogenannten Salt Range abgebaut wird. Das ist eine Provinz, die in einer 700 Meter hochgelegenen Hügelkette liegt und zu Pakistan gehört und nicht zum Himalaya. Durch die falsche Bezeichnung würde beim Verbraucher eine unzutreffende Vorstellung von dem Produkt erzeugt. Die Benennung als Himalaya Salz erwecke den Eindruck, dass das Salz aufgrund seiner Herkunft und der Art seines Abbaus besonders gut für die Gesundheit ist. Das beworbene Salz sei jedoch nicht reiner als Meersalz und habe keine besondere Wirkung. Das sei irreführend und wettbewerbswidrig.

Die Naturheilpraktikerin erklärte hierzu, das die beworbene Qualität des Salzes durch ein Gutachten, welches ihr der Lieferant zur Verfügung gestellt habe, belegt werde. Sie habe die benutzte Produktbeschreibung genauso von diesem Lieferanten übernommen. Sie habe keine irreführende Werbung geschaltet und sei für deren Inhalt nicht verantwortlich. Das ist unzutreffend. Die Händlerin hat für die Richtigkeit ihrer Werbung einzustehen und dies vorher eindeutig abzuklären.

In dem einstweiligen Verfügungsverfahren hat das Landgericht die beklagte Händlerin daher verurteilt, es zu unterlassen, Salz mit der Bezeichnung Himalaya zu bewerben, wenn dessen Herkunft dem Titel nicht entspricht.

Berliner Straße Nr. 13 = Friedhof?

Wer nicht wirbt, der verdirbt.
Eine gute Ausrede ist drei Batzen wert.
Nichts geschieht ohne Grund.

In einer Stadt in Südthüringen befinden sich zwei Bestattungsunternehmen im Wettbewerb. Die Bestattungsfirma Z. bewarb die Bestattungsleistungen mit ihrem Sitz in der „Berliner Straße 13". Daraufhin wurde sie von dem vor Ort ebenfalls ansässigen Bestattungsbetrieb P. wegen wettbewerbswidrig falscher Adressangaben abgemahnt und zur Unterlassung aufgefordert. Der Sitz des Bestattungsunternehmens Z. befinde sich nicht in der „Berliner Straße 13", sondern um die Ecke „Am Steinernen Berg 4". Die Einwohner der Stadt M. verbänden mit der Anschrift „Berliner Straße 13" traditionell, seit eh und je, den Städtischen Friedhof. Dort sei das Eingangsportal mit dem früheren städtischen Friedhofs-Gebäude, das heute nicht mehr genutzt wird, vorhanden.

Das mache sich der Bestatter Z. zu Nutze. Die Hinterbliebenen schauten häufig gar nicht auf andere Bestatter, weil der „Friedhof" für sie der richtige, kompetente und solide „Ansprechpartner" ist. Dem werde von den Kunden eine besondere Stellung beigemessen, die tatsächlich aber nicht bestehe.

Der Bestatter Z. verweigerte die Abgabe einer Unterlassungserklärung hinsichtlich der Bewerbung des Sitzes mit „Berliner Straße 13", weil das wettbewerbsrechtlich nicht relevant sei. Es handele sich nur um die Angabe eines Straßennamens. Sein Unternehmen befinde sich außerdem unmittelbar um die Ecke des Friedhofseingangs „Am Steinernen Berg". So falsch sei die Angabe deshalb gar nicht.

Das Landgericht hat in dem Wettbewerbsprozess den Unterlassungsanspruch für begründet erachtet. Der Adresse „Berliner Straße 13" kommt in diesem speziellen Fall eine wettbewerbsrechtliche Bedeutung zu. Anderenfalls hätte es für das Bestattungsunternehmen Z. auch keinen Grund gegeben, statt der tatsächlichen Anschrift „Am Steinernen Berg 4" die Adresse „Berliner Straße 13" zu bewerben. Ich weiß aus eigener Kenntnis, dass in der Stadt von vielen Einwohnern anstelle des Friedhofs von der Berliner Straße 13 die Rede ist. „Wenn wir erst in der Berliner Straße 13 sind, dann haben wir es geschafft".

Die streitenden Bestatter haben das letztlich auch akzeptiert und sich darauf geeinigt, dass der Bestatter Z. die Unterlassungserklärung abgibt und der Rechtsstreit vor dem Landgericht beiderseits für erledigt erklärt wird. Die Kosten des
Verfahrens habe ich dem Bestattungsunternehmen Z. auferlegt.

Gegen die Kostenentscheidung ist der Bestatter in die Beschwerde gegangen.
Das Oberlandesgericht Jena hat daraufhin die Kostenentscheidung abgeändert
und die Kosten des Verfahrens dem Antragsteller auferlegt. Die Richter konnten sich offensichtlich nicht vorstellen, dass mit einem Straßennamen bei den
„maßgeblichen Verkehrskreisen", den Bürgern der Stadt, der Friedhof verbunden wird. Woher auch?

Das war und ist aber so!

Handelsregister-Rechnung?

Augen auf, Kauf ist Kauf.
Nicht zu geschwind, die Eile macht blind!

Die Firma E. Wirtschaftsdienst GmbH versandte an Unternehmen und Gewerbetreibende ohne Aufforderung Formulare, die den unzutreffenden Eindruck erweckten, es handele sich um eine kostenpflichtige Eintragung im Handelsregister des Amtsgerichts. Deutlich hervorgehoben und unterstrichen in der Mitte des Formulars ist abgesetzt vermerkt: „Eintragungsdaten aus der Handelsregistereintragung Nr. ...". Weiter groß angegeben ist eine HRB Nr., typisch für Handelsregister-Eintragungen beim Registergericht, und die Angabe „Amtsgericht/Registergericht" mit der jeweiligen Bezeichnung des Amtsgerichts. Hinzu kommt der in Rechnungsart aufgemachte Ausweis „Eintragungsgebühren des Wirtschaftsregisters". Oben rechts auf dem Formular ist u. a. groß der Begriff „Firmeneintragung" enthalten. Im weiteren Text wird dann in kleiner Schrift darauf hingewiesen, dass die Eintragung der Daten aus der Handelsregistereintragung in ihr Wirtschaftsregister durch Zahlung des ausgewiesenen Betrages erfolgt, der Auftrag für ein Jahr gilt und bei fehlender Kündigung bis drei Monate vor Ablauf des Eintragungszeitraums sich für weitere zwölf Monate verlängert.

Viele Betriebe haben sich von dem amtlichen Anschein des Formulars täuschen lassen und zur Vermeidung von Nachteilen gegenüber dem vermeintlichen Registergericht gezahlt, ohne das Formular gründlich zu prüfen. Sie haben nicht erkannt, dass es sich um keine Registergerichtsrechnung, sondern um ein Vertragsangebot für ein zusätzliches privates Wirtschaftsregister handelt, das sie möglicherweise nicht wünschten.

Aufgrund von gehäuften Beschwerden von Unternehmen über die Täuschung hat der Schutzverband gegen Wirtschaftskriminalität gegen den Wirtschaftsdienst vor dem Landgericht eine Unterlassungsklage eingereicht. Das Landgericht hat mit rechtskräftigem Urteil vom April 1998 die E. Wirtschaftsdienst GmbH antragsgemäß verurteilt, es zu unterlassen, das Formular unaufgefordert an Dritte zu versenden und bei Verstoß dagegen, Zwangsgeld angedroht. Daraufhin hat der Wirtschaftsdienst das Formular geändert.

Der Schutzverband sah in dieser Formular-Fassung des Unternehmens einen Verstoß gegen die gerichtliche Unterlassungsverpflichtung und forderte den Ausspruch eines Zwangsgeldes. Die ausgewiesenen Eintragungsgebühren seien jetzt eingerahmt und die Bezeichnung des Formulars als Eintragungsangebot in Eintragungsofferte verändert worden, womit der irreführende Charakter des Formulars nicht aufgehoben worden sei. Durch den nunmehr eingeführten Satz „ Beim zuständigen Amtsgericht, Abt. Handelsregister wurden nebenstehende Daten ihrer Firma eingetragen und im Bundesanzeiger veröffentlicht" werde der falsche Eindruck einer amtlichen Rechnung des Registergerichts sogar noch verstärkt.

Das hat das Landgericht genauso gesehen und ein spürbares Ordnungsgeld gegen den Wirtschaftsdienst festgesetzt. Der Kern der Unterlassungsverpflichtung, nämlich der Ausschluss der Verwechslung des Formulars mit einer amtlichen Registergerichtsrechnung, wurde mit dem überarbeiteten Formular verletzt.

Bier aus Aschaffenburg

Irreführende Bockbier-Etiketten.
Ehrlich währt am längsten.

Die Zentrale zur Bekämpfung unlauteren Wettbewerbs mahnte 1997 das Brauhaus Sonneberg ab, weil es die Bockbier-Etiketten mit der Bezeichnung „Sonneberger" Bier kennzeichnet, obwohl das Bier in Aschaffenburg gebraut werde. Die Verbraucher würden über die Herkunft und die Braueigenschaften des Bieres getäuscht. Die Bezeichnung „Sonneberger" Bier veranlasse vor allem „einheimische Biertrinker" zum Kauf des Bieres.

Die Brauerei verweigerte die Abgabe einer Unterlassungserklärung hinsichtlich der Bezeichnung „Sonneberger" Bier auf dem Bockbier-Etikett. Sie meinte, durch den Zusatz „Marke" und den Hinweis auf den Brauort Aschaffenburg auf dem Etikett erfolge eine Entlokalisierung. Der Verbraucher werde durch das Etikett nicht irregeführt, weil der Brauort abweichend von Sonneberg ausdrücklich aufgeführt sei.

Die Wettbewerbszentrale verfolgte ihren Unterlassungsanspruch gegen die Brauerei Sonneberg vor dem Landgericht weiter. Sowohl das Landgericht als

RABE

138

auch das Oberlandesgericht im Berufungsverfahren verurteilten die Brauerei zur Unterlassung der fehlerhaften Werbung, weil die Werbung gegen das wettbewerbsrechtliche Irreführungsverbot verstößt.

In der Bezeichnung „Sonneberger" liegt eine unmittelbare und eindeutige Herkunftsangabe. Die im Etikett blickfangartig hervorgehobene Bezeichnung ist ohne weiteres geeignet, dem Verbraucher zu suggerieren, es handele sich um ein aus der Stadt Sonneberg stammendes Produkt. Der Eindruck wird noch durch das oberhalb aufgedruckte Firmenlogo „Brauhaus Sonneberg" verstärkt. Das Etikett lässt auch nicht erkennen, dass es sich bei der angegebenen Brauerei nicht um den Hersteller, sondern um den Vertreiber des Bieres handelt. Der flüchtige Durchschnittsbetrachter wird den klein geschriebenen Zusatz „Gebraut in Aschaffenburg" übersehen, da er die Bierflasche erst in die Hand nehmen und das Etikett lesen müsste, während die Aufschrift „Sonneberger" bereits in großer Entfernung lesbar ist.

Die mit der verwendeten Etikettierung verbundene Vorstellung, es handele sich um ein Sonneberger Bier, ist geeignet, die umworbenen Verbraucher irrezuführen. Dabei ist nicht zwingend eine bestimmte Qualitätserwartung erforderlich. Es genügt bereits die Verbindung mit einer bestimmten Wertschätzung. In dem regionalen Markt Sonneberg kann die Herkunftsangabe kaufentscheidend sein. Das hat eine wettbewerbsrechtliche Bedeutung.

Arbeitnehmer fast vollständig abgeworben

Unlauterer Wettbewerb unter Zahntechnikern.
Arbeitnehmer zum Vertragsbruch verleitet,
32 inhaltlich identische Kündigungsschreiben.
Äußerste Vorsicht – erst besinn's, dann beginn's.

Eine Zahn-Labor GmbH und eine Dental GmbH sind in einer Stadt in Südthüringen Konkurrenten auf dem Gebiet der Zahntechnik. In der Niederlassung der Dental GmbH waren zuletzt 38 Mitarbeiter einschließlich Auszubildende beschäftigt. Ihr früherer Geschäftsführer war der nunmehrige Geschäftsführer und Inhaber der Zahn-Labor GmbH. Er hatte sein Anstellungsverhältnis mit der Dental GmbH zum 31. Juli 2012 gekündigt. Mit Gesellschaftsvertrag vom Oktober 2012 gründete er die Labor GmbH, deren Alleingesellschafter-Geschäftsführer er ist.

Unter dem 28. Fbruar 2013 kündigten 32 ehemalige Arbeitnehmer und Auszubildende der Dental GmbH mit inhaltlich gleichen Schreiben unter Einhaltung der geltenden Kündigungsfrist zum nächst möglichen Zeitpunkt sowie fristlos Mitte März 2013 und begannen ihre Tätigkeit bei der neu gegründeten Labor GmbH.

Die Dental GmbH (Klägerin) verlangte daraufhin mittels einstweiliger Verfügung des Landgerichts der Labor GmbH (Beklagte) die Beschäftigung ihrer vormaligen Mitarbeiter zu untersagen, weil diese die Arbeitnehmer rechtswidrig abgeworben habe. Sie machte der Labor GmbH den Vorwurf, ihre ehemaligen Mitarbeiter bewusst abgeworben und eingestellt zu haben, obwohl diese während der individuellen Kündigungsfristen noch dem arbeitsvertraglichen Wettbewerbsverbot unterlagen. Die Zahntechniker seien zum Vertragsbruch verleitet worden. Die Labor GmbH setze die Mitarbeiter während ihres noch bestehenden Arbeitsrechtsverhältnisses mit der Dental GmbH in ihrem alten Wirkungskreis gegen die Dental GmbH ein und verschaffe sich dadurch unzulässig einen Wettbewerbsvorsprung. Das führe zum faktischen Erliegen der Geschäftstätigkeit der Dental GmbH vor Ort, weil sie nahezu die komplette Niederlassung übernommen habe. Die Arbeitnehmer hätten sich zwischenzeitlich nach Einsicht in ihr unrechtmäßiges Handeln in Arbeitsgerichtsverfahren zur Unterlassung der Arbeitsaufnahme bei der Labor GmbH während ihrer Kündigungsfrist verpflichtet.

Die Beklagte räumte zwar ein, dass sie für ihre Geschäftstätigkeit auch Mitarbeiter der Klägerin angesprochen und beworben habe. Dies sei aber in rechtlich zulässiger Weise und nicht unlauter erfolgt. Die Abwerbung von Arbeitskräften sei grundsätzlich erlaubt. Grund der Kündigungen sei die Unzufriedenheit der Mitarbeiter mit ihrer alten Firma gewesen. Die Zahntechniker hätten mit ihr Arbeitsverträge abgeschlossen. Würde der Beklagten die Beschäftigung der Leute untersagt, führe das bei ihnen und der Labor GmbH zu einem nicht kompensierbaren Schaden.

Das Landgericht hat mittels Urteil dem Antrag auf Erlass einer einstweiligen Verfügung in vollem Umfang stattgegeben und dem beklagten Labor unter Androhung von Ordnungsmitteln untersagt, die namentlich benannten Arbeitnehmer für eine bestimmte Zeit in ihrem Geschäftsbetrieb zu beschäftigen. Die Beklagte hat 32 Beschäftigte der Klägerin in unlauterer Weise abgeworben, namentlich zum Vertragsbruch verleitet. Der Erlass eines Beschäftigungsverbotes begründet sich auf einen auf Naturalrestitution gerichteten Schadenersatzanspruch. Damit sollen dem Verletzer ungerechtfertigte Vorteile genommen werden. Weitere rechtliche Ausführungen sollen hierzu nicht gemacht werden. Der Umstand, dass von 38 Beschäftigten 32 Arbeitnehmer, mit inhaltlich gleichen Schreiben, zum gleichen Zeitpunkt fristgerecht und fristlos kündigen und neue Arbeitsverträge mit dem ehemaligen Geschäftsführer der neu gegründeten Labor GmbH mit gleichen Arbeitsbeginn März 2013, abschließen spricht für sich. Die Arbeitskräfte wurden in die Geschäftstätigkeit bereits eingeplant.

Dem Beschäftigungsverbot stehen auch nicht die Interessen der betroffenen Arbeitnehmer entgegen. Sie sind noch arbeitsvertraglich mit dem alten Betrieb verbunden und haben sich in den arbeitsgerichtlichen Verfahren dazu auch bekannt. Das hat auch das Oberlandesgericht so gesehen.

Nach meiner Kenntnis laufen zwischen den Parteien nunmehr Schadenersatzprozesse. Über diese habe ich aber aufgrund meines Ruhestandes nicht mehr zu entschieden. Ob diese noch laufen oder zwischenzeitlich mit welchem Ergebnis beendet worden sind, ist mir nicht bekannt.

Aufforderung zum Krankenkassenwechsel

Nicht zu geschwind, die Eile macht blind.
Muss ist ein bitteres Kraut.
Gewalt macht schnellen Vertrag.

Mit einem Rundschreiben teilte der Marktleiter eines Baumarktes im August 1999 den Mitarbeitern mit, sie mögen ihre Kranlenkasse kündigen und zu einer für den Arbeitgeber beitragsgünstigeren Krankenkasse wechseln. Deshalb wurde für jeden Mitarbeiter ein Kündigungsschreiben an die alte Krankenkasse mit der Bitte ausgestellt, das Formular bis auf die Anschrift der Krankenkasse vollständig ausgefüllt im Büro abzugeben. Anderenfalls wurden die Mitarbeiter aufgefordert, eine schriftliche Stellungnahme an den Marktleiter abzugeben. Den Mitarbeitern wurde nahegelegt, zu der benannten Krankenkasse zu wechseln.

Der Verband der Angestellten Krankenkassen und der Arbeiter Ersatzkassenverband haben daraufhin die Baumarkt KG wegen wettbewerbswidrigem Verhalten vor dem Landgericht zur Unterlassung mittels einstweiliger Verfügung aufgefordert.

Die Kammer für Handelssachen hat dem Baumarkt antragsgemäß untersagt, die Mitarbeiter zum Wechsel ihrer Krankenkasse aufzufordern, anderenfalls den Verbleib in der bisherigen Krankenkasse schriftlich zu begründen. Mit dem Rundschreiben setzt er die Angestellten gezielt unter Druck und greift unzulässig in das Recht zur freien Krankenkassen-Wahl ein. Der Baumarkt fördert damit gleichzeitig unlauter den Wettbewerb der empfohlenen Krankenkasse zu Lasten anderer Krankenkassen. Mit der Vorgehensweise der Baumarkt KG hat sie die Interessen anderer beteiligter Krankenkassen am Bestand der Versicherungsverhältnisse zu Gunsten der empfohlenen Krankenkasse und offensichtlicher Einsparungen an den Arbeitgeberanteilen missachtet. Insoweit handelt es sich um keinen reinen betriebsinternen Vorgang.

Mit dem Rundschreiben des Marktleiters nutzt der Baumarkt in unzulässiger Weise seine aus dem Arbeitsverhältnis resultierende Autorität gegenüber seinen Angestellten zum Wechsel der Krankenkasse aus. Er verstößt damit gegen die guten Sitten und ist wettbewerbsrechtlich zur Unterlassung verpflichtet. Er hat objektiv den Wettbewerb eines Dritten, der benannten vermeintlich beitragsgünstigeren Krankenkasse, zu Lasten der anderen Krankenkassen gefördert. Das ist unlauter.

Die vorstehende Entscheidung des Gerichts hat viel Aufmerksamkeit gefunden. Der Vorgang ist offensichtlich nicht so selten.

Prozesskostenhilfe für Verstöße im Ebay-Handel

Handel mit alten DDR-Reklameschildern.
Mutwilliger Prozess aus Kostengründen?
Man kann's ja mal versuchen.

Was bringt einen Ebay-Anbieter mit Wohnsitz in Ilmenau dazu, einen Ebay-Händler aus Borna wegen wettbewerbswidrigen Verhalten im Internet abzumahnen und für die gerichtliche Verfolgung eines Unterlassungsanspruchs Prozesskostenhilfe zu beantragen? Das bleibt wohl das Geheimnis des Sammlers von DDR-Artikeln.

Herr Meier aus Ilmenau mit Rechtsanwalt aus Meiningen mahnte Herrn Müller aus Borna (Namen sämtlich geändert) wegen unlauterer Handlungen im Internethandel ab und begehrte eine strafbewehrte Unterlassungserklärung.

Die Preisangaben und die Widerrufsbelehrung seien nicht richtig. Das bestritt Herr Müller und gab keine Unterlassungserklärung mit der gefordertem Vertragsstrafe ab.

Zur Klärung der Erfolgsaussichten einer entsprechenden Unterlassungsklage mittels einstweiliger Verfügung des Landgerichts Meiningen beantragte Herr Müller hierfür Prozesskostenhilfe.

Voraussetzung für die Bewilligung von Prozesskostenhilfe ist, dass der Antragsteller, der Ebay-Händler, nach seinen persönlichen und wirtschaftlichen Verhältnissen die Kosten der Prozessführung nicht aufbringen kann und die beabsichtigte Rechtsverfolgung hinreichende Aussicht auf Erfolg bietet. Letzteres hat das Landgericht verneint und den Prozesskostenhilfe-Antrag zurückgewiesen. Die beabsichtigte Prozessführung bietet keine hinreichende Aussicht auf Erfolg.

Zwar begründet die Präsens im Internet grundsätzlich bereits dann ein Wettbewerbsverhältnis, wenn zwei Wettbewerber den gleichen Kundenkreis haben und sich mit ihren Angeboten behindern können. Gleichwohl setzt das ein konkretes Wettbewerbsverhältnis zwischen den Unternehmen und eine maßgebliche Beeinträchtigung voraus.

Dass zwischen dem Antragsteller als Ebay-Anbieter mit Wohnsitz in Ilmenau und dem Antragsgegner als Ebay-Händler mit Wohnsitz in Borna ein konkretes Wettbewerbsverhältnis besteht und die beanstandeten Verstöße im Ebay-Angebot den Antragsteller beim Ebay-Handel mit alten DDR-Reklameschildern zu Sammlerzwecken nicht nur unerheblich behindern, hat der Antragsteller nicht glaubhaft gemacht. Im Hinblick auf die räumliche Entfernung und die dargelegten Umsatzgrößen des Antragstellers von zirka 100 Euro pro Monat ist nicht ersichtlich, dass der Antragsteller durch die beanstandeten Aussagen auf der Ebay-Seite in seiner Verkaufstätigkeit spürbar beeinträchtigt wird. Hinzu kommt, dass der Schwerpunkt der Verkaufstätigkeit des Antragstellers nicht auf dem Gebiet des Handels mit Reklameschildern liegt. Ausweislich der Ebay-Kontenauszüge hat der Antragsteller nicht nur mit alten DDR-Reklameschildern, sondern ebenso mit Gläsern, Gummihosen und Kraftfahrzeugteilen gehandelt und Verkäufe getätigt.

Aufgrund der Art und Weise sowie des Umfangs der Ebay-Verkäufe des Antragstellers ist kein durch PKH-Bewilligung zu sicherndes Rechtsschutzbedürfnis an der Geltendmachung des Unterlassungsanspruchs gegenüber dem Antragsgegner erkennbar. Insoweit ist die Vermutung des angehörten Antragsgegners hinsichtlich einer etwaigen mutwilligen Prozessführung aus Kostengründen nicht gänzlich von der Hand zu weisen.

Das Gericht hat daher den Antrag auf Bewilligung von Prozesskostenhilfe für die Durchführung des Unterlassungs-Prozesses zurückgewiesen. Das wurde nicht weiter beanstandet.

Man kann´s ja mal versuchen!

Bauernschläue

Unterlassungsversprechen verletzt?
Wort „Schlüssel" durch grafische
Darstellung eines Schlüssels ersetzt.
Nomen est omen = Namen ist Vorbedeutung.

Die Zentrale zur Bekämpfung unlauteren Wettbewerbs (Klägerin) forderte von der Beklagten, Inhaberin eines Schlüsseldienstes in einer Stadt im Süd-Westen Thüringens, die Zahlung von Vertragsstrafe wegen Verletzung der von ihr vor der Wettbewerbszentrale der IHK abgegebenen strafbewehrten Unterlassungserklärung. Sie hatte in der Innenstadt, unweit des Geschäftsbetriebes ihres geschiedenen Ehemanns, einen eigenen Schlüsseldienst eröffnet.

Die Änderung der Firmierung des Geschäftsbetriebes durch die Beklagte im Zusammenhang mit der Ehescheidung am Eingang ihres Geschäfts von „Schlüssel Maxe" in „SCHLÜSSEL Meier" (Nachname geändert) bildete den Gegenstand einer Abmahnung durch ihren früheren Ehemann. Mit der Verwendung des Familiennamens „Meier" werde bei den angesprochenen Verkehrskreisen, den Kunden, der Eindruck erweckt, es handele sich bei dem Laden der Beklagten um ein weiteres Geschäft ihres geschiedenen Ehemanns mit dem Namen „Meier", was nicht der Fall sei. Das sei irreführend und behindere ihn in seiner Arbeit.

Daraufhin gab die Geschäftsinhaberin vor der Einigungsstelle zur Beilegung von Wettbewerbsstreitigkeiten der Industrie- und Handelskammer eine Unterlassungserklärung ab, wonach sie sich gegenüber ihrem geschiedenen Ehemann verpflichtete, es zu unterlassen, im Geschäftsverkehr unter der Bezeichnung „SCHLÜSSEL Meier" aufzutreten. Für den Fall der schuldhaften Zuwiderhandlung verpflichtete sie sich zur Zahlung einer Vertragsstrafe in Höhe von 4.000 Euro an die Wettbewerbszentrale.

Die Wettbewerbszentrale (Klägerin) machte vor dem Landgericht geltend, die Beklagte habe gegen die Unterlassungsverpflichtung verstoßen und müsse die für diesen Fall versprochene Vertragsstrafe zahlen.

Am Schaufenster des Ladenlokals der Beklagten sei der Schriftzug „SCHLÜSSEL Meier" in der Weise verändert worden, dass neben dem fett und rot dargestellten Schriftzug „SCHLÜSSEL Meier" das Wort Schlüssel durch die grafische Darstellung eines quer gelegten Schlüssels ersetzt worden sei. Das stelle einen Verstoß gegen die Unterlassungserklärung dar. Es komme nicht darauf an, ob die Beklagte das Wort „Schlüssel" oder ein Schlüsselsymbol benutze. Sie habe entgegen der Unterlassungserklärung unzulässig den Herkunftshinweis „Meier" verwandt, mit dem das Konkurrenzunternehmen des geschiedenen Ehemanns seit vielen Jahren firmiere. Der damit verbundene Irrtum über die Inhaberschaft werde durch den Austausch des Begriffs „Schlüssel" durch ein Schlüsselsymbol gezielt aufrechterhalten. Durch die Beifügung des Schlüsselsymbols werde das Geschäftsfeld in Verbindung mit dem Namen ihres geschiedenen Mannes gebracht.

Die Beklagte hielt bereits die Abmahnung durch ihren geschiedenen Ehemann für unbegründet. Sie habe ihr Geschäft mit einem fett und rot dargestellten Schriftzug „SCHLÜSSEL Meyer – E. Schlüsselfundbüro" neu eröffnet. Hingegen habe ihr geschiedener Ehemann an seinem Schaufenster die Bezeichnung „Schlüssel Meier – Spezialgeschäft für Schlüssel und Schlösser" in schwarzer Schrift auf gelben Untergrund angebracht. Das sei unterscheidbar. Eine Verwechslungsgefahr bestehe nicht. Einmal sei vom Schlüsselfundbüro und ein anderes Mal vom Spezialgeschäft für Schlüssel und Schlösser die Rede.

Sie habe die Unterlassungserklärung nur abgegeben, um weitere Auseinandersetzungen zu vermeiden. Das Führen ihres Familiennamens im Geschäftsnamen könne ihr nicht vorgeworfen werden. Dass sie das Wort „SCHLÜSSEL" mit einem Schlüsselsymbol überklebt habe, stelle keinen Verstoß gegen die Unterlassungserklärung dar. Es sei um die Unterlassung einer wortgleichen Firmierung gegangen. Das Schlüsselsymbol auf der Fensterscheibe ihres Geschäftes werde nicht als Firmensymbol ihres geschiedenen Ehemanns verstanden und sei branchenüblich.

Das Landgericht hat die Klage abgewiesen.

Die Gestaltung des Schaufensters mit einem quer gelegten Schlüssel durch die Beklagte stellt keinen Verstoß gegen die Unterlassungserklärung dar. Kennzeichnend für die Firmierung der Beklagten ist die Bezeichnung „Meier Schlüsselfundbüro". Die grafische Darstellung eines quer gelegten Schlüssels wird nicht als Ersatz für das Wort „Schlüssel" und als Hinweis auf das Geschäft des Mannes, sondern als Kennzeichnung des Geschäftsgegenstandes verstanden. Die Verwendung des ehemaligen Familiennamens war unstreitig. Über die Berechtigung der Abmahnung und der abgegebenen Unterlassungserklärung selbst war in dem vorliegenden Prozess nicht zu entscheiden. Die Beklagte hat die Unterlassungsverpflichtung abgegeben und muss etwaige Folgen daraus tragen. Eine Verletzung der Unterlassungserklärung lag hier jedoch nicht vor.

Taxi gegen Mietwagen mit Chauffeur

Bauernschläue.
Unlautere Werbung im Telefonbuch und den „Gelben Seiten".

Ein Transport-Unternehmen warb in den örtlichen Telefonbüchern und in den „Gelben Seiten" unter der Rubrik „Taxis" an erster Stelle vor den jeweiligen Taxi-Betrieben mit preisgünstigeren Fahrten durch die Bereitstellung von „Mietwagen mit Chauffeur", die nicht an die Taxi-Tarife gebunden sind. So bot er deutlich billigere Fahrten im Vergleich zu den Taxis an.

Die örtlich betroffenen Taxi-Betriebe verlangten daraufhin mittels einer einstweiligen Verfügung des Landgerichts die strafbewehrte Unterlassung der Werbung. Es handele sich um keine „Taxi"-Fahrten, sondern um reine gewerbliche Transportleistungen. Diese dürften nicht unter der Rubrik „Taxi" in den Telefonbüchern und den „Gelben Seiten", auch noch vor den eigentlichen Taxi-Betrieben, beworben werden. Das sei unlauter und beeinträchtige sie bei der

Fahrgastgewinnung erheblich. Die Anzeigen hätten unter dem Bereich „Transport-Unternehmen" zu erfolgen.

Das Landgericht folgte dieser Auffassung. Der Mietwagenbetrieb erkannte das letztlich an und verpflichtete sich im Rahmen eines Vergleichs mit den Taxi-Unternehmen zur Unterlassung und zur Änderung der Werbeanzeigen.

„Mietwagen mit Chauffeur" statt Taxi ist eine bemerkenswerte Geschäftsidee, die wohl grundsätzlich erlaubt ist. Bekannt ist das beispielsweise für Zubringerfahrten zu Flughäfen oder für die Fahrt von Arbeitern zum Montageort.

Alltagsfälle

PC-Kassensystem in Gaststätte funktioniert nicht.
Falsche Rechnungen - da kommt Freude auf.
Ursache: Bedienungsfehler?

Ein größeres Hotel installierte für sein Restaurant ein PC-Kassensystem. Wegen der vermeintlich mangelnden Nutzbarkeit und des teilweise vollständigen Ausfalls des Systems sei es in dem Restaurant zu massiven Beeinträchtigungen, Fehlbuchungen und Falschabrechnungen gekommen. Kellner und Köche hätten das Bestell- und Abrechnungsdurcheinander nicht mehr beherrschen können. Dadurch seien erhebliche Schäden aufgetreten. Der Kläger (Gaststätten-Betrieb) trete deshalb von dem Vertrag mit dem Computer Studio zurück.

Das Hotel beanstandete zum Beispiel, dass sein Geschäftslogo auf den Rechnungen regelmäßig geschwärzt erscheine, die Preise für Getränke aus dem System verschwänden bzw. auf den ausgedruckten Bons nicht erschienen. Des Weiteren seien gebongte Speisen in der Küche nicht angekommen, sei die Mehrwertsteuer bei bestimmten Waren falsch zugeordnet und berechnet worden und sei das System benutzerunfreundlich. Der Hersteller habe diese Mängel nicht beseitigt. Deshalb trete er vom Vertrag zurück.

Der Kassensystem-Hersteller bestritt das Vorliegen dieser Mängel. Sie lägen nicht vor. Es sei zu Stromausfällen und Falschbedienungen gekommen. Alle Beanstandungen könnten kurzfristig beseitigt werden, was der Kläger abgelehnt bzw. verweigert habe. Auch der gerichtlich bestellte Sachverständige verneinte das Vorliegen der behaupteten Mängel. Vielmehr sei das von der

Klägerin gewählte Logo nicht optimal gestaltet. Möglicherweise seien die Beanstandungen auf kurzzeitige Stromausfälle zurückzuführen. Außerdem könnten die Probleme durch ein vorhandenes Reparaturtool behoben werden. Es bestünden auch Bedienfehler.

Der Kläger lehnte Nachbesserungen des Kassensystems ab. Er untersagte der Beklagten jeglichen Eingriff in das System. Andererseits nutzte er das Kassensystem weiter. Möglicherweise handelte es sich um einen Fall von „Kaufreue".

Das Gericht hat die Klage abgewiesen.

Wein-Jubiläum ins Wasser gefallen

> *In vino veritas.*
> *Jubiläumslogo (Goldschrift) verwischt.*
> *Qualitätsabstufung von „Kabinett-Wein"*
> *in „Qualitätswein".*

In einem Rechtsstreit vor der Kammer für Handelssachen forderte der Kläger (Weingut) von der Beklagten (Zulieferbetrieb) Schadenersatz für das Ablösen des auf seinen Bocksbeuteln aufgebrachten weiß/goldenen Jubiläumslogos.

Der Kläger ist Inhaber eines Weingutes. Die Beklagte beschriftet bzw. gestaltet Glas zu Werbe- und sonstigen Zwecken. Anlässlich seines 100-jährigen Firmenjubiläums 1999 vereinbarten die Parteien, die Bocksbeutel mit einem zweifarbigen Jubiläumslogo zu kennzeichnen. Im Rahmen der Geschäftsanbahnung stellte die Beklagte dem Kläger einige bedruckte Bocksbeutel zur Verfügung und verwies darauf, dass diese auf Produkt- und Verarbeitungsbeständigkeit unter den Bedingungen des Klägers zu prüfen sind. Das Weingut hat die bereitgestellten Bocksbeutel beim Durchlaufen des Abfüllbandes auf mechanische Beschädigungen überprüft. Ob der Gold-Aufdruck auf den Bocksbeuteln dem Sterilisations-Bad standhält, hat es nicht geprüft.

Daraufhin erteilte das Weingut dem Glas-Druck-Betrieb Anfang März 1999 den Auftrag zur Lieferung von zirka 5.000 mit dem Jubiläumslogo Weiß/Gold bedruckten Bocksbeuteln. Diese lieferte der Betrieb Mitte März. Das Weingut tauchte sie zur Säuberung und Sterilisation in ein Tauchbad, füllte sie mit einem Silvaner Kabinett ab und verpackte sie in Kartons ohne weitere Prüfung. Ab in den Weinkeller!

Bei einer Präsentation des Weines Anfang April anlässlich des Jubiläums unter Anwesenheit des Landrates, der Weinkönigin, Vertreter örtlicher Organe und anderen Gästen wurde beim Herausnehmen der Flaschen aus den Kartons festgestellt, dass sich der goldene Teil des Aufdrucks auf dem Bocksbeutel ablöst. Die Schrift verschmierte und war unansehnlich. Das hätte man auch früher feststellen können und weitere Flaschen gar nicht befüllen dürfen. Bei der kurzfristig vereinbarten Ersatzlieferung wurden die bedruckten Bocksbeutel mit einer Schutzlackierung versehen. Hier gab es keine Beanstandungen.

Mit der Klage forderte das Weingut Schadenersatz hinsichtlich der Kosten für die Bocksbeutel, für die Korken, für die Sonderetiketten, für die Kapseln, für die Kartons, für die Weinvorfiltration, für die Qualitätsweinprüfung und für die Entsorgung der nicht verwendbaren Bocksbeutel. Außerdem verlangte es Schadenersatz für die mit dem eventuellen Umfüllen des Weines in eine niedrigere Qualitätsstufe verbundenen Schäden. Der Beschrifter der Flaschen sei dafür verantwortlich, weil sein Aufdruck auf den Bocksbeuteln für den vorgesehenen Verwendungszweck nicht geeignet war. Der Betrieb habe wissen müssen, dass die von ihm bedruckten Bocksbeutel ein Sterilisationsbad durchlaufen, dem der Aufdruck standhalten muss.

Die Bocksbeutel seien unbrauchbar. Ein Verkauf scheide bereits wegen der optischen Beeinträchtigung aus. Der Verkauf zu reduzierten Preisen komme nicht in Betracht. Mit der Neuabfüllung der Bocksbeutel sei eine Abstufung des Weins von Kabinett in Qualitätswein mit Qualitätseinschränkungen verbunden. Unter Umständen müsse die ganze Weinabfüllung wegen Korkgeschmack vernichtet werden. Eine Prüfpflicht der bedruckten Bocksbeutel hinsichtlich der Verträglichkeit mit dem säurehaltigen Tauchbad habe nicht bestanden. Die Druckfirma schulde einen Goldaufdruck, der dem Sterilisationsbad standhält.

Der Zulieferer hingegen vertrat die Auffassung, dass die bedruckten Bocksbeutel nicht mangelhaft sind. Das Weingut habe bei den Probelieferungen keinerlei Beanstandungen vorgenommen, so dass auf dieser Basis die Produktion und die Lieferung erfolgt sei. Es habe auch diese Flaschen einer Reinigung im Sterilisationsbad unterziehen müssen, was nicht erfolgt sei. Dann hätte es das Ablösen des Golddruckes festgestellt.

Das Gericht hat nach erfolgter Beweisaufnahme durch Vernehmung der beteiligten Mitarbeiter und einen Sachverständigen die Beklagte zum hälftigen Ersatz der Schäden verurteilt, weil einerseits das Weingut seinen Überprüfungs- und Rügepflichten nicht vollständig nachgekommen ist; andererseits der Zulieferer über die Gefahren oder Beeinträchtigungen seiner aufgebrachten Goldschrift beim Umgang mit „Säuren" (Sterilisationsverfahren) hätte informieren müssen. Sicher eine salomonische Entscheidung! Sie wurde aber von beiden Parteien akzeptiert und rechtskräftig. Die Prüfung der gelieferten Muster-Bocksbeutel im Säurebad war möglich, zumutbar und nicht nur auf mechanische Beeinträchtigungen auf dem Abfüllband beschränkt. An die Prüfungs- und Untersuchungspflicht des Käufers werden von der Rechtsprechung nicht unerhebliche Anforderungen gestellt. Allein durch Rubbeln und Streichen hätte das Ablösen der Goldschrift festgestellt werden können. Goldfarben sind empfindlicher als Keramikfarben. Das Verwischen des Goldaufdrucks war unmittelbar beim Abfüllvorgang feststellbar und nicht auf weitere visuelle Feststellungsmöglichkeiten (Herausnehmen der Flaschen aus dem Karton beim Jubiläum) begrenzt.

Andererseits haftet der Hersteller für sein Produkt nach den Grundsätzen der Produkthaftung. Er hätte auf Gefahren aufgrund des gewählten Goldschriftverfahrens im Reinigungsbad im Unterschied zu einer allgemeinen Schrift ausdrücklich hinweisen müssen. Dies ist nicht geschehen. Sicher haben die Parteien gemeinsam eine Lösung zur Verringerung und sinnvollen Verwertung des eigentlich sehr guten Weines gefunden. Das Gericht hätte hierbei gerne geholfen. Geht aber nicht. Außerdem haben sie uns dazu auch sicher nicht gebraucht.

In diesem Zusammenhang fällt mir ein weiterer Fall mit „Weinbezug" ein. Ein Zulieferbetrieb aus unserem Gerichtsbezirk hatte für ein Weingut Schraubverschlüsse geliefert. Alles gut und prima. Allerdings wurden die Weinflaschen damit so fest verschlossen, dass man sie per Hand gar nicht öffnen konnte, sondern eine Rohrzange oder ähnliches schweres Gerät dazu benötigte. Die Betriebe haben sich hier auf eine kostenlose Ersatzlieferung geeinigt und damit größeren Schaden verhindert.

Schweinefleisch im Döner

Beim Geschäft hört die Freundschaft auf.
Siehe dich für, Schaum ist kein Bier!

Zwischen einer GmbH & Co. KG, die Dönerfleisch veräußert, und einem Döner-Imbiss-Betreiber bestand ein langfristiger Döner-Fleisch-Bezugs-Vertrag. Diesen kündigte der Döner-Händler fristlos, weil die gelieferten Fleischspieße mangelhaft seien. Der beklagte Döner-Betreiber hatte unter Vorlage dreier Lebensmittel-Gutachten behauptet, dass vom Fleischlieferanten (Kläger) statt des vertraglich vereinbarten Kalb- und Putenfleisches Fleischspieße mit Schweinefleisch-Anteilen geliefert wurden.

Streitig war vor allem die Frage, ob die drei Fleischproben tatsächlich aus den Lieferungen des Klägers, des Fleischlieferanten, stammen oder aus anderen Lieferungen. Die Beweisaufnahme durch Zeugenvernehmung ergab, dass die Proben aus den Originalverpackungen der Klägerin genommen wurden und Schweinefleischbestandteile enthielten. In allen Proben waren Geflügel- und Schweinefleisch gemischt, aber kein Rind vorzufinden, obwohl alle Fleischspieße als Pute/Rind etikettiert und verkauft wurden. Das macht natürlich vor allem einen erheblichen preislichen Unterschied aus. Schweinefleisch ist in der Regel billiger als Kalb/Rindfleisch, was für den Lieferanten einen erheblichen Vorteil bringt.

In dieser Falschlieferung, Schweine- statt Rindfleisch, liegt ein Sachmangel, der den Imbiss-Inhaber zur fristlosen Kündigung des Döner-Fleisch-Bezugs-Vertrages berechtigte. Dem Döner-Betreiber (Beklagter) war unter diesen Umständen nicht zuzumuten, weitere Lieferungen der Klägerin abzunehmen. Er würde anderenfalls Gefahr laufen, Lebensmittel unter Verstoß gegen lebensmittelrechtliche Vereinbarungen und Bestimmungen in den Verkehr zu bringen und seine Kunden täuschen.

Die Zahlungsklage des Fleischlieferanten wurde abgewiesen.

Allergenfreie Lebensmittel

Sellerie statt Petersilie.
Allergenfreies Produkt verunreinigt,
Allergiker erleidet Gesundheitsschäden.
Gericht kostet Petersilie-Lieferung.

Ein Hamburger Import-Unternehmen lieferte einem Gemüse verarbeitenden Betrieb im Gerichtsbezirk des Landgerichts zur Weiterverarbeitung für den Handel, Apotheken und Privatverbraucher reine Petersilie aus garantiert biologischem Anbau in voller Reinheit, importiert aus Ägypten. Die Verarbeitungsfirma lieferte die Petersilie-Produkte mit der Garantie an die Verbraucher, dass diese nicht verunreinigt und allergenfrei sind. Die Lieferungen gingen auch an Verbraucher in der Schweiz.

Ein Käufer der verarbeiteten getrockneten Petersilie in der Schweiz war Allergiker und erlitt nach dem Verzehr des Produktes aus dem Betrieb in Südthüringen einen schweren gesundheitlichen Anfall. Die Untersuchungen ergaben, dass das als Allergie frei deklarierte Petersilie-Produkt mit Sellerie verunreinigt war. Die Rückverfolgung der Lieferbeziehungen führte zu dem Lebensmittelbetrieb in Deutschland.

In dem Prozess vor dem Landgericht forderte der Hamburger Importeur und Lieferbetrieb der Petersilie aus Ägypten deren Bezahlung vom Verarbeitungsbetrieb. Das lehnte der Verarbeiter wegen der Verunreinigung und der zu erwartender Schadenersatzansprüche seiner Kunden ab.

Die Kammer hat in der mündlichen Verhandlung Proben der Petersilie-Lieferungen darauf getestet, ob die Verunreinigung zu erkennen, sprich zu schmecken oder zu riechen war. Die Richter kosteten, rochen und betasteten die zerkleinerte Petersilie. Sie konnten nicht feststellen, dass darin Sellerie enthalten war. Ob das tatsächlich so feststellbar ist, mag auch an der Größe der Abpackeinheiten liegen. Kleinere Packungen riechen eventuell nicht so intensiv wie Ware in großen Säcken. Feststellbar ist das aber schon. Gegebenenfalls müssen Analysen gemacht werden. Das war nach Ansicht des Gerichts möglich und notwendig, wenn man für die Reinheit des Produkts und die Eignung für Allergiker wirbt und diese garantiert. Das hat der Hersteller unterlassen.

Das Gericht hat deshalb den Verarbeitungsbetrieb zur Bezahlung der Import-Lieferung verpflichtet, weil dieser seine handelsrechtliche Prüfungs- und Anzeigepflicht nicht sofort bei der Anlieferung der Ware nachgekommen ist und die Ware damit als genehmigt gilt. Das war gerade bei dem garantierten Allergie freien Produkt notwendig.

Der Laie fragt sich allerdings, ob der Bezug biologisch angebauter Produkte, so von Petersilie, aus Ägypten notwendig ist. Diese sollte auch in Deutschland beziehbar sein, wahrscheinlich aber nicht so kostengünstig.

Ein nicht alltäglicher Fall mit vorgenanntem Betrieb, der Gemüse trocknet und als Trockenprodukte an vielfältige Verarbeitungs- und Handelsbetriebe lieferte, ereignete sich 2001/02.

Ein Lagerarbeiter des Unternehmens hatte in den von einem Importbetrieb gelieferten gekibbelten Zwiebeln (luftgetrocknete Zwiebelscheiben) aus garantiert biologischem Anbau und ökologischer Verarbeitung und Lagerung aus Ägypten einige Packungen mit weißem Pulver und Totenkopf gefunden. Es war gerade die Zeit der Anthrax-Anschläge (Milzbrandsporen) im Jahr 2001. Daraufhin informierte er sofort das Bundeskriminalamt und andere Staatsschutzorgane. Bereits erfolgte Produktauslieferungen wurden zurückgeholt. Weitere Auslieferungen wurden gestoppt. Auch hier ging es in dem Prozess vor dem Landgericht um die Bezahlung der Lieferung des Hamburger Importbetriebes. Die Parteien haben sich auf die Zahlung eines Teilbetrages geeignet.

Ein Anthrax-Anschlag hat sich glücklicherweise nicht bestätigt. Meine Vermutung ist die, dass Zwiebeln sich auch in Ägypten nicht unbeschränkt ohne Zusätze lagern lassen. Sie wurden im Juni geerntet und im Dezember ausgeliefert. Eine lange Zeit. Die biologische Herstellung und Lagerung ohne Hilfsmittel ist während dieser Zeit sicher schwierig. Möglicherweise wurden während der Lagerung der Zwiebeln „Gase" eingesetzt und einige Packungen in den Paletten vergessen. Ganz so gesund scheint das jedenfalls nicht zu sein.

Das ist eine Erklärung, aber eine reine Vermutung meinerseits. Für genügend Aufregung hat das jedoch gesorgt.

Zwiebeln aus biologischem Anbau von Ägypten? Muss das sein?
Wenn wir wüssten, was wir manchmal essen.

Gefährliche Reifen-Platzer

Reifen an Fendt-Traktor nach Reifenmontage
wiederholt geplatzt - Lebensgefahr!
Überhöhter Reifenluftdruck oder
spitze Steine ursächlich?

Das Reifenhandelsunternehmen Pneuhage forderte von der beklagten Baufirma die Vergütung für gelieferte und montierte große Reifen der Marke Pirelli, Größe 600/65R für einen großen Fendt–Traktor und für geleistete Pannenhilfe. Der zunächst montierte Reifen explodierte am Fahrzeug. Glücklicherweise befand sich der Traktorfahrer gerade im Fahrzeug. Es hätte sonst zu schlimmen gesundheitlichen Folgen oder sogar zum Tod des Fahrers kommen können. Im Auftrag des Reifenunternehmens wurde der explodierte Reifen im Rahmen der Pannenhilfe erneuert. Der im Rahmen der Pannenhilfe montierte zweite Reifen explodierte einiger Tage später ebenfalls. Auch hier kam es zum Glück zu keinen Personenschäden, weil die Arbeiter sich im Zeitpunkt der Explosion weiter entfernt vom Traktor aufhielten. Schließlich leistete der Montagebetrieb des Reifenherstellers eine weitere Pannenhilfe für einen platten Reifen des Traktors.

Das Reifenunternehmen forderte vom Bauunternehmen die Vergütung seiner Leistungen in Höhe von zirka 6.000,00 Euro. Die Reifen seien wegen unsachgemäßer Nutzung auf einer Schotterfläche an der Autobahnanschlussstelle X und spitzen, scharfkantigen Schottersteinen geplatzt. Die Reifen hätten keine Risse oder Gewebemängel aufgewiesen. Die Montage sei ordnungsgemäß mit dem richtigen Luftdruck erfolgt. Jedenfalls seien die Schäden an den Reifen nicht auf einen zu hohen Luftdruck zurückzuführen. Schadensursächlich sei die übermäßige punktuelle Belastung des Reifens, die im Verantwortungsbereich des Baubetriebes liege. Aufrechenbare Schadenersatzansprüche des Baubetriebes im Zusammenhang mit den geplatzten Reifen bestünden daher nicht. Die Beklagte trage die Beweislast dafür, dass die von der Klägerin gelieferten und montierten Reifen mangelhaft waren. Diese habe sie nicht erfüllt.

Die Beklagte sah die Ursache für die Reifenplatzer in einem Überdruck in den Reifen anlässlich der Montage durch die Klägerin. Die Reifen seien mit einem zu hohen Luftdruck über 2,0 bar befüllt worden. Ursächlich für den platten Reifen sei ein defekter Gummipfropfen gewesen, der einfach erneuert wurde.

Gegen die Vergütungsforderungen der Klägerin rechne die Beklagte mit den Kosten aus der Havarie auf. Es handele sich dabei um den Arbeitsausfall und die Schäden am Fahrzeug.

Das Gericht hat der Klägerin die Vergütungsansprüche etwa hälftig zugesprochen und im Übrigen die Klage abgewiesen. Das war auch sachgerecht.

Der gerichtlich bestellte Sachverständige hatte weder einen Mangel an den streitgegenständlichen Reifen noch bei der Montage festgestellt. Primäre Ursache für die Schäden waren laut Sachverständigen mechanische Verletzungen der Reifen durch Überfahren harter, spitzer Gegenstände sowie ein überhöhtes Fahrzeuggewicht. Offensichtlich hat der Baubetrieb auch selbst den Reifendruck beim zweiten Reifen unzulässig erhöht. Dafür ist er verantwortlich. Die Vernehmung der an der Montage der Reifen und dem Betrieb des Fahrzeuges beteiligten Personen hatte ergeben, dass der erste Reifen durch den Monteur des Reifenunternehmens mit einem unzulässigen Luftdruck von 2,5 bar befüllt wurde. Das hat nach Einschätzung des Sachverständigen beim gebotenen und bekannten Befahren einer Schotterfläche zum Schaden geführt. Dafür hat die Klägerin selbst einzustehen.

Auf weitere Verfahrensbesonderheiten (verneinte Verjährung u. a.) soll hier nicht eingegangen werden. Der Baubetrieb hat gegen das Urteil des Landgerichts Berufung beim Oberlandesgericht mit der Maßgabe eingelegt, die Vergütungsforderungen der Klägerin abzuweisen und seine Schadenersatzforderungen aus den Havarien im Wege der Widerklage durchzusetzen. Daraufhin hat die Klägerin Anschlussberufung mit dem Ziel eingelegt, die Vergütungsansprüche vollständig zu erhalten. Nach Gehörs-Rügen und Sachverhaltsberichtigungen gegenüber dem OLG sowie ergänzenden Klarstellungen in einer mündlichen Verhandlung bestätigte das OLG schließlich die Entscheidung des Landgerichts hinsichtlich der zu zahlenden Vergütung und fehlender weiterer Schadenersatzansprüche betragsmäßig mit einer geringfügigen Differenz. Das hätte sich die Beklagte besser schenken können. Weitere nicht unbeträchtliche Aufwendungen im Zusammenhang mit dem Berufungsverfahren wären damit entbehrlich bzw. vermeidbar gewesen.

Augenverlust durch Steinwurf eines 8½ jährigen Kindes

Schwierige Entscheidung über die
Einsichtsfähigkeit des Kindes.
Deliktsfähigkeit und
schuldhaftes Verhalten?

Wer das 18. Lebensjahr noch nicht vollendet hat, ist für den Schaden, den er einem anderen zufügt, nicht verantwortlich, wenn er bei der Begehung der schädigenden Handlung nicht die zur Erkenntnis der Verantwortlichkeit erforderliche Einsicht hat. Wer nicht das siebente Lebensjahr vollendet hat, ist für einen Schaden, den er einem anderen zufügt, nicht verantwortlich (vgl. § 828 Abs. 3, § 828 Abs. 1 BGB).

Aus der Zeit meiner Abordnung zum Oberlandesgericht 1995 ist mir ein besonders tragischer und letztlich vom Ergebnis unbefriedigender Fall in Erinnerung geblieben. Minderjährige Kinder waren während des Spielens 1993 in Streit geraten und hatten sich wechselseitig mit Steinen beworfen. Ronny (5 Jahre, 2 Monate) wurde durch einen Steinwurf von Enrico (8 ½ Jahre) am linken Auge getroffen. Er musste über einen längeren Zeitraum in einer Augenklinik behandelt werden. Weitere ambulante Nachbehandlungen waren erforderlich. Das linke Auge besitzt keinerlei Sehtüchtigkeit mehr. Spätfolgen am anderen Auge sind nicht auszuschließen.

Beide Kinder waren altersgerecht entwickelt. Der ältere Junge ging zum Zeitpunkt des Schadensereignisses zur Schule. Das jüngere Kind hatte den Kindergarten und die Vorschule besucht.

Das geschädigte Kind (Ronny) verklagte den Steinwerfer (Enrico) und dessen Versicherung auf Schadenersatz und Schmerzensgeld. Es machte geltend, Enrico sei sich über die Konsequenzen seines Handelns (Steinwurf) im Klaren gewesen. Mit 8 ½ Jahren habe er die Gefährlichkeit der Steinwürfe erkennen können und erkannt. Das gelte auch für Konfliktsituationen. Es habe keine lebensbedrohliche Situation vorgelegen. Er habe den Konflikt einfach durch „Ausreißen" oder eine „Ohrfeige" lösen können; aber nicht durch Steinwürfe.

Die Beklagten machten geltend, Enrico habe es in der Konfliktsituation an der erforderlichen Einsichtsfähigkeit gefehlt. Der Kleinere (Ronny) habe zuerst mit Steinen geworfen und ihn (Enrico) am Fuß getroffen, was ihm sehr weh getan habe. Er habe ihn erfolglos aufgefordert, damit aufzuhören. Impulsiv sei es dann zu dem Steinwurf gekommen. Über die fehlende Einsichtsfähigkeit bzw. die Überlagerung durch den Spieltrieb sei eine gutachterliche Stellungnahme eines Kinderpsychologen erforderlich.

Das Landgericht hatte den Beklagten zum Schadenersatz verurteilt. Ronny habe die erforderliche Einsichtsfähigkeit besessen. Tatsachen, die Zweifel daran rechtfertigten, seien nicht vorgetragen worden. Eines Sachverständigen-Gutachtens bedürfe es nicht.

Dagegen richtete sich die Berufung von Ronny und der Versicherung beim Oberlandesgericht. Das Landgericht hätte nach ihrer Auffassung ein Gutachten darüber einholen müssen, ob der 8½ jährige Junge in der Streitsituation in der Lage war, das Unrecht und die Gefährlichkeit seines Tuns (Steinwürfe) einzuschätzen. Das sei nicht der Fall. Die innere Anspannung durch den Streit habe zur fehlenden Einsichtsfähigkeit geführt.

In meinem gerichtlichen Votum war ich davon ausgegangen, dass ein 8½ jähriges Kind auch in einer derartigen Spiel- und Streitsituation die Gefährlichkeit seines Tuns (Steinewerfen) und drohende gesundheitliche Schäden erkennen kann. Dies auch unter dem Gesichtspunkt, dass der andere Junge zirka drei Jahre jünger war. Das sollte aber ein Kinderpsychologe beurteilen. Insoweit war ich dann schon überrascht, dass dieser in seinem Gutachten die Einsichtsfähigkeit nach dem vorliegenden Geschehensablauf verneinte. Ein schuldhaftes (fahrlässiges oder gar vorsätzliches) Handeln war unter Berücksichtigung des Sachverständigen-Gutachtens nicht festzustellen. Das Werfen mit Steinen geschah aus einer Spielsituation heraus. Die eventuell beabsichtigte Abwehr der Steinwürfe des kleineren Kindes (5 Jahre) geschah nicht in der Absicht, den Werfer bewusst an Körper und Gesundheit zu verletzen. Das kleinere Kind hat den Älteren schmerzhaft mit einem Stein am Fuß getroffen. Das habe die Schwelle der Erkennbarkeit der Gefährlichkeit des Steinewerfens herabgesetzt und zu impulsivem Verhalten geführt (Sachverständiger). Damit hat das geschädigte Kind keinen Schadenersatzanspruch.

Eine schwierige, harte Entscheidung!

Gemeinsame Wohnwand abgerissen – Schäden am Nachbargebäude

Dumm gelaufen.
Unklarer Grenzverlauf.
Es kann der Frömmste nicht in Frieden leben,
wenn es dem bösen Nachbarn nicht gefällt.

Beim Oberlandesgericht war ich 1995 mit einem Nachbarschaftsstreit befasst. In einer Kleinstadt in Thüringen mit uralten Fachwerkhäusern aus dem 17./18. Jahrhundert hatte der ehemaliger Schüler S. Anfang 1990 das Nebenhaus seines früheren Lehrers L. erworben und wollte dieses modernisieren. Der Lehrer stimmte diesem Ansinnen zu.

Der Schüler S. wollte bei den Baumaßnahmen u. a. Veränderungen an seiner Wohnwand vornehmen. Bereits der erste „Hammerschlag" (Spitzhacke) an dieser Wand saß und führte dazu, dass ein großes Loch in der Wohnzimmer-Wand zum Lehrer L. entstand. Beide Räume waren jetzt nicht mehr getrennt, sondern offen und einsehbar.

Damit war der Streit zwischen einstigem Lehrer und früherem Schüler vorprogrammiert. Die Haus-Nachbarn stritten erbittert darüber, wo denn die Grundstücksgrenze verläuft und wem die abgerissene, gemeinsam genutzte Grenz-Wand gehört. Die Bauten mit der gemeinsamen Wand waren im 17./18. Jahrhundert so errichtet worden. Die Auseinandersetzungen eskalierten so, dass sie laut Akteninhalt sogar körperlich mit Axt, Hammer und anderen Gegenständen geführt wurden.

Natürlich hatte der Schüler S. nicht das Recht, die gemeinsam genutzte Wand ohne Zustimmung des Lehrers L. abzureisen. Der L. konnte von dem Störer S. die Beseitigung der Störung verlangen, mit der Verpflichtung, die Grenzeinrichtung (Wand) neu zu errichten. Das Problem war nur, dass keiner den exakten Verlauf der Grenze kannte und auch nicht eindeutig festgestellt werden konnte, auf wessen Grundstück die abgerissene Wand stand. Der vom Sachverständigen festgestellte Grenzverlauf beruhte nur auf Mutmaßungen.

Der S. hatte zwischenzeitlich eine Wand errichtet, aber nicht unmittelbar am Haus des Klägers. Die Räumlichkeiten des Lehrers waren so ohne jegliche Wand. Sie waren nicht benutzbar. Weitere Schäden an einer Feldsteinmauer

und am Dach traten auf. Auch die Statik des Hauses war gefährdet. Trotz einer Vereinbarung der Parteien zu Aussöhnung und Errichtung der Mauer am Haus des Lehrers kam es zu keiner Einigung. Der Lehrer hatte seine Wohnung zwischenzeitlich „fluchtartig" verlassen (müssen).

Er verklagte S. mit dem Antrag, die gegenseitige Grenzwand zu errichten bzw. hilfsweise Schadenersatz in beträchtlicher Höhe zu leisten. Dieser wandte ein, L. habe ihm das Betreten des Nachbargrundstücks und den Bau der Mauer verweigert. Streitig war außerdem, ob eine gültige Abrissgenehmigung vorlag und die gemeinsame Brandmauer beseitigt wurde.

Der Rechtsstreit landete im Berufungsverfahren vor dem Oberlandesgericht. Alle Bemühungen zur Einigung der Parteien auf eine sachdienliche Lösung scheiterten. Das Gericht hat deshalb ein neues Gutachten darüber eingeholt, was zur Beseitigung der Schäden zu tun ist, wer diese verursacht hat und welche Kosten entstehen. Es hat den Beklagten verurteilt, die Mauer entsprechend der ursprünglichen Einigung im hinteren Teil auf der Nordseite des Grundstücks fortzusetzen, zu verputzen und damit die Räume wieder zu verschließen. Eine Entscheidung hierüber war möglich. Das Problem lag im Wohnhaus, vorn. Hierzu waren weitere Feststellungen notwendig, die mittels Beweis-Beschluss festgelegt wurden.

Ohne die Bereitschaft der Parteien, das Problem einvernehmlich zu lösen, sind trotz Gerichtsentscheid weitere Probleme in der Vollstreckung der Urteile zu erwarten. Auch hier wird möglicherweise der tatsächliche Grenzverlauf streitig sein.

Raubüberfall – Lkw samt Kupferladung entführt

Gelegenheit macht Diebe.
Wenn der Wächter nicht wacht, so wacht der Dieb.
Morgen ist auch noch ein Tag.

Die deutsche Kabelfirma N. kaufte bei der französischen Kabelfirma S. 25 t Kupferdraht auf fünf Paletten zum Kaufpreis von 141.000 Euro. Das Kabel war auf Trommeln gewickelt. Mit dem Transport des Kabels (Abholung) von Frankreich nach Deutschland beauftragte die Firma N. telefonisch die Speditionsfirma B. (Fracht: 570 Euro). Diese wiederum gab den Transportauftrag an die Firma D. weiter, die den Transport an das Transportunternehmen H. weiterreichte. Dessen Lkw-Fahrer befand sich gerade mit einem Planen Lkw-Zug in der Nähe von Paris und sollte das Kupfer zur Auslastung der Rückfahrt mit nach Deutschland nehmen (Transportdauer zirka 8,5 Stunden). Transport-Versicherungs-Unternehmen der deutschen Firma N. war die A. Limited.

Der Fahrer ließ den Lkw beim Eintreffen im Lieferwerk gegen Abend (ca. 17:00 Uhr) noch beladen und stellte den Lkw nebst Kabel zur Einhaltung der Lenkzeiten auf einem 500 m entfernten nicht bewachten Parkplatz an einer öffentlichen Straße im Stadtgebiet in der Nähe des Ladeortes ab. Dann legte er sich schlafen.

In der Nacht desselben Tages entwendeten Räuber den Lkw samt Ladung, indem sie an die Lkw-Tür klopften, den Lkw-Fahrer zusammenschlugen, aus dem Lkw zerrten, ihn in den Kofferraum eines Pkw sperrten und später gefesselt, teils unbekleidet, auf ein Feld warfen. Den Lkw fuhren sie weg und zündeten ihn nach der Entladung des Kupferdrahtes an. Teile der Ladung sowie der Lkw wurden später wieder aufgefunden.

Die Transportversicherung A. ltd. zahlte an ihr Versicherungsunternehmen, die Fa. N., dafür eine Entschädigung in Höhe von zirka 74.000 EURO. Diese machte sie mit der Klage als Schadenersatzforderung gegen die Speditionsfirma B. geltend. Der Transportauftrag an sie habe die Anweisung enthalten, die Ladung nicht unbeaufsichtigt zu lassen und nur auf bewachten oder abgeschlossenen Parkplätzen zu parken. Solche Parkplätze gebe es auf dem Betriebsgelände der Firma S. Der Lkw sei ein Planenwagen ohne Planensicherung und ohne Alarmanlage gewesen. Der Fahrer habe die Ladung nicht bewacht, sondern geschlafen. Eine rechtzeitige Ablieferung der Ladung beim Besteller sei auch noch bei einer Beladung des Lkw am Folgetag möglich gewesen. Bei Kupfer bestehe ein erhöhte Diebstahlgefahr. Auf die Gefahr von Raubüberfällen werde durch Hinweisschilder im Lieferwerk hingewiesen und zur besonderen Achtsamkeit aufgefordert. Der Fahrer habe offensichtlich gar nicht nachgefragt, ob er stattdessen auf dem Werksgelände parken könne. Die Spedition habe den Transport so organisieren müssen, dass der Fahrer nicht nach der Beladung ein Ruhepause habe einlegen müssen, sondern sogleich einen bewachten Parkplatz habe anfahren können.

Die Speditionsfirma und die Firma D. lehnten eine Haftung ab, da der Raubüberfall ein unabwendbares Ereignis gewesen sei. Die Schadenersatzforderung sei nach einem Jahr verjährt, weil kein qualifiziertes Verschulden (dreijährige Verjährungsfrist) vorliege. Der benutzte Parkplatz sei für Lkw der Firma S. ausgewiesen und nicht als besonders gefährdet gekennzeichnet gewesen. Einen bewachten Parkplatz habe es nicht gegeben. Der Fahrer habe nicht mit dem Raubüberfall rechnen müssen, denn die tonnenschwere Ladung sei ohne Hilfsmittel nicht zu entladen gewesen. Dem Fahrer könne auch nicht die Einhaltung der Ruhezeit nach dem Beladen vorgeworfen werden.

Wie würden Sie entscheiden?

Das Landgericht, ich, habe dem Schadenersatzanspruch der Transportversicherung gegen die Spedition und die weiteren Transporteure stattgegeben, weil es leichtfertig gewesen sei, den Lkw mit wertvoller Ladung (begehrtem Kupfer) entgegen der Weisung der Firma N. (Empfänger) im öffentlichen Verkehrsraum unbeaufsichtigt und ungesichert abzustellen. Konkrete Bemühungen zum Abstellen auf dem Betriebsgelände seien nicht unternommen worden. Auf die Diebstahl- und Raubüberfall-Gefahr haben Hinweisschilder ausdrücklich hingewiesen. Ein unabwendbares Ereignis liege nicht vor. Der Raub sei durch Abstellen auf einem sicheren Parkplatz bzw. eine andere Organisation mit der Beladung und sofortigen Abfahrt am Folgetag vermeidbar gewesen. Die Transportunternehmen hätten bei der Transportabwicklung die Einhaltung der Lenkzeiten mit berücksichtigen müssen und auch können. Anderenfalls hätte der Transportauftrag nicht angenommen werden dürfen. Auf die Rückfrage des Lkw-Fahrers habe sein Chef ausdrücklich gesagt, er solle den Lkw noch am Abend beladen lassen, seine Ruhepause in der Nacht machen und am Morgen nach Deutschland fahren.

Das Oberlandesgericht hat das im Berufungsverfahren anders gesehen und die Schadenersatz-Klage des Transportversicherers gegen die beteiligten Transportunternehmen abgewiesen.

Dem Lkw-Fahrer und den Transportunternehmen könne ein qualifiziertes Verschulden nicht nachgewiesen werden. Es liege ein unabwendbares Ereignis vor. Der gestohlene Kupferdraht sei aufgrund seines Gewichts und der Verladung für die Täter nicht einfach verwertbar gewesen. Mit dem Raub des gesamten Lkw habe der Fahrer nicht rechnen müssen. Der Raubüberfall hätte auch nicht verhindert werden können, wenn der Fahrer nicht geschlafen hätte. Aufgrund der Art und Weise des Raubüberfalls und der Brutalität habe der Fahrer Glück gehabt, mit dem Leben davon gekommen zu sein. Ein Verschieben der Beladung sei aufgrund der notwendigen Anlieferung am Folgetag nicht möglich gewesen. Abstrakte Gefährdungs-Hinweis-Schilder reichten für ein Verschulden nicht aus. Eine konkrete Gefährdungslage habe nicht bestanden.

Na ja, lag ich mit meiner Entscheidung wirklich daneben?
Möglich!
Was meinen Sie?

Ich bleibe dabei, dass der Transport des wertvollen Kupfers in Anbetracht der Gefährdungslage unter Berücksichtigung der Ruhezeiten des Fahrers zu organisieren war und hätte geschehen müssen. Das lag nicht vorrangig in der Verantwortung des Lkw-Fahrers. Er hat ja extra bei seiner Firma nachgefragt und die Order zur Beladung und zur nächtlichen Ruhepause erhalten. Die Lenkzeit war bereits beim Eintreffen des Fahrers im Werk beinahe bzw. tatsächlich überschritten.

Prozessuales

Sachverständigen-Ablehnung

Wer schlechte Arbeit leistet,
schiebt die Schuld dem stumpfen Werkzeug zu.
Lautes Geschrei schafft noch kein Recht.
Ein magerer Vergleich ist besser als ein fetter Prozess.

Die Ablehnung eines Sachverständigen wegen Besorgnis der Befangenheit findet statt, wenn ein Grund vorliegt, der geeignet ist, Misstrauen gegen seine Unparteilichkeit zu rechtfertigen. Es genügt jede Tatsache, die auch nur ein subjektives Misstrauen der ablehnenden Partei in die Unvoreingenommenheit des Sachverständigen vernünftigerweise rechtfertigen kann.

Rundumschlag

In einem vor der Kammer für Handelssachen geführten Prozess stützte sich die Rüge der Beklagten darauf, der Sachverständige habe die gerichtlich vorgegebenen Beweisfragen nicht bzw. schlecht beantwortet. Das Gutachten des Sachverständigen sei aufgrund mangelnder Sorgfalt unzulänglich bzw. fehlerhaft erstellt. Ein solcher Vorwurf begründet aber regelmäßig nicht die Besorgnis der Befangenheit, weil er die Unparteilichkeit des Sachverständigen unberührt lässt. Der mangelnden Sorgfalt sind beide Prozessparteien gleichermaßen ausgesetzt. Die Zivilprozessordnung gibt Mittel in die Hand, diese zu beseitigen. Das Ablehnungsgesuch war daher nicht begründet.

Dem Ablehnungsantrag lag folgender Sachverhalt zugrunde:

Die Siemens AG führte im Auftrag eines kleineren Unternehmens im Gerichtsbezirk im Januar 2000 an dessen betrieblichen Elektro-Generator eine Reparatur durch. Das Stromaggregat Deutz/Siemens bestand aus einem Dieselmotor KHD Deutz und einem Siemens Generator, die miteinander verbunden waren. Hierfür berechnete die Fa. Siemens (Klägerin) dem Betrieb (Beklagte) 6.067,40 Euro. Die Beklagte verweigerte die Bezahlung der Rechnung wegen nach der Reparatur aufgetretener überhöhter Schwingungswerte, die vermeintlich auf mangelhafte Arbeiten der Klägerin anlässlich der Revision zurückzuführen seien.

Dem widersprach Siemens. Eine mangelhafte Lagerung des Generators liege nicht vor. Ursächlich für die überhöhten Schwingungswerte sei die unzureichende Anpassung des Generators an den Motor (Inkompatibilität) seitens der Beklagten. Im Zuge der Revision habe die Klägerin festgestellt, dass das ausgebaute Lagerschild bereits durch eine andere Firma mittels Metallaufspritzen in Stand gesetzt worden sei, was auf eine andere Schadensursache hindeute. Die ordnungsgemäße Ausführung der Revisionsarbeiten durch die Klägerin folge aus dem eingeholten Befundbericht sowie erstellter Protokolle eines Ingenieurberichts. Die erste Schwingungsmessung sei außerdem erst im November 2000 erfolgt, obwohl das Aggregat bereits im März 2000 in Betrieb genommen worden sei.

Das Gericht hat über den Gegenstand der vertraglichen Vereinbarungen Beweis erhoben durch Einvernahme von drei Zeugen. Außerdem hat es ein schriftliches Gutachten des Sachverständigen Ing. B. über die beanstandeten Mängel und deren Ursachen eingeholt, den Beweisbeschluss auf Verlangen der Beklagten ergänzt und den Sachverständigen in der mündlichen Verhandlung zu seinem Gutachten angehört. Sowohl der Sachverständige als auch das vorher eingeschaltete Ingenieurbüro sahen die Ursachen für das Schwingen im Bereich der Kupplung bzw. am Dieselmotor. Für den Dieselmotor und die

Verbindung war aber Siemens nicht verantwortlich. Offensichtliche Unzulänglichkeiten und Fehler im Gutachten waren nicht ersichtlich.

Das Landgericht hat daher die Beklagte zur Zahlung der Vergütung verurteilt. Die Berufung der Beklagten gegen dieses Urteil hat das Thüringer OLG in Jena zurückgewiesen.

Wegen dieses Sachverhalts hat die Beklagte den Sachverständigen B. wegen Besorgnis der Befangenheit aufgrund eines vermeintlich falschen Gutachtens abgelehnt. Außerdem hat sie bei der zuständigen Staatsanwaltschaft gegen ihn Anzeige erstattet.
Sowohl das Landgericht Meiningen als auch das Thüringer OLG als Beschwerdegericht haben die Ablehnung des Sachverständigen B. wegen Besorgnis der Befangenheit verneint und abgelehnt. Auch die Staatsanwaltschaft hat das Ermittlungsverfahren gegen den Sachverständigen B. wegen fehlender Anhaltspunkte für strafbares Verhalten eingestellt.

Ende gut, alles gut?
Denkste!

Nachdem das Landgericht Meiningen, das Thüringer Oberlandesgericht und die Staatsanwaltschaft keine Gründe für die Besorgnis einer Befangenheit des Sachverständigen bzw. für strafbares Verhalten gesehen hatten, meinte der Sachverständige nach Abschluss des Verfahrens selbst, befangen zu sein, weil er dem auf ihn vermeintlich ausgeübten Druck nicht mehr länger gewachsen sei. Was war das denn? Nachdem ihm erläutert wurde, dass ein Sachverständiger, ähnlich einem Richter, auch „Angriffe gegen seine Person" verkraften können muss, ließ er die Selbstanzeige fallen.

Schluss?
Leider immer noch nicht!

Nach einiger Zeit ging ein Antrag der Beklagten bei Gericht ein, den Sachverständigen zur Herausgabe des von ihm untersuchten Generators zu verurteilen. Dazu war er selbstverständlich verpflichtet, was ihm telefonisch auch noch einmal unmissverständlich mitgeteilt wurde. Grund für seine Weigerung war die Sorge, die Beklagte könne an dem Werkzeug manipulieren und ihm das im Nachhinein in die Schuhe schieben. Dass das durch eine entsprechend sorgfältige Übergabe und Kontrolle vermeidbar ist, hat der Sachverständige schließlich eingesehen und das Aggregat an die Beklagte herausgegeben. Weitere Probleme dazu wurden nicht bekannt.

Abschließend ist noch zu erwähnen, dass zu Beginn des Prozesses die Firma Siemens zur Vermeidung weiterer erheblicher Aufwendungen der Beklagten einen Vergleichsvorschlag unterbreitete, wonach diese den hälftigen Betrag (etwa 3.000,00 Euro) an sie zahlt und die Verfahrenskosten geteilt werden. Das hat die Beklagte abgelehnt. Insgesamt dürfte der Beklagten der Prozess unter Berücksichtigung der gerichtlichen, außergerichtlichen Rechtsanwaltskosten und der Gutachterkosten sowie weiterer Aufwendungen etwa 20.000 Euro gekostet haben.
Ein hoher Preis für die angestrebte vermeintliche Gerechtigkeit.
„Recht scheidet, der Vergleich sühnt".

Bausachverständiger Dr. jur. als Ablehnungsgrund?

In einem Baurechtsstreit vor dem Landgericht Meiningen wurde wegen gerügter strittiger Baumängel gerichtlich ein Sachverständiger bestellt. Dieser wurde von der Handwerkskammer für das Gewerk Maurer-, Beton- und Stahlbetonbau öffentlich bestellt und vereidigt. Er war für das Gericht bereits mehrfach ohne Beanstandungen tätig.

Eine Prozesspartei lehnte ihn wegen Besorgnis der Befangenheit ab. Sie befürchte die fehlende fachliche Qualifikation und Eignung des Sachverständigen Dr. jur. H., da er ein Dr. jur. und offensichtlich kein guter Bauingenieur sei. Die Rüge erhob sie erst nach Vorliegen des für sie negativen Gutachtens des Sachverständigen. Das stellt keinen gerechtfertigten Antrag zur Ablehnung des Sachverständigen wegen Besorgnis der Befangenheit dar.

Zum einen war der Antrag bereits verspätet, weil dieser spätestens binnen zwei Wochen nach Verkündung oder Zustellung des Beweisbeschlusses hätte geltend gemacht werden müssen. Dies wäre auch möglich gewesen. Die Partei ist grundsätzlich verpflichtet, sich über etwaige Ablehnungsgründe rechtzeitig zu informieren. Ein Anruf bei der Handwerkskammer bzw. ein Blick auf die Homepage der Kammern über die Qualifikation und Eignung des Sachverständigen war der Prozesspartei möglich und zumutbar. Eine Klarstellung hätte so erfolgen können.

Zum anderen rechtfertigt der Vermerk „Dr. jur." auf dem Briefkopf des Sachverständigen H. allein noch nicht die Besorgnis der Befangenheit. Der Sachverständige wurde für Gewerke des Bauwesens bestellt und war neben einem promovierten Juristen Bauingenieur und auf diesem Gebiet jahrelang tätig. Er verfügte über das im Beweisbeschluss geforderte notwendige Fachwissen. Die gerichtliche Auswahl des Sachverständigen erfolgte nicht fehlerhaft. Die angebliche Fehlerhaftigkeit des Gutachtens stellt auch keinen Befangenheitsgrund dar. Sie war auch nicht ersichtlich. Dass das Gutachten nicht im Sinne der Prozesspartei ausging, konnte nicht zur nachträglichen Ablehnung des Sachverständigen führen.

Eigentor – „Einschwören" des Sachverständigen

Ein Kläger ist kein Richter.
Neutral will auf Eiern gehen und keines zerbrechen.
Ein Richter soll zwei gleiche Ohren haben.

Das Gericht hatte mit Beweis-Beschluss vom Oktober 2002 den Wirtschaftsprüfer A. aus Dresden mit der Erstellung eines Gutachtens über die Höhe des einem Unternehmen entstandenen Schadens in den Jahren 1992 bis 1995 aus der unzulässigen Konkurrenztätigkeit zweier Firmen bzw. gesellschaftswidrigem Verhalten beauftragt. Für die Erarbeitung des Gutachtens erforderliche Dokumente (Bücher und Bilanzen) sollte der Gutachter einsehen.

Nach längerer Erkrankung und mehrfacher Anmahnung legte der Sachverständige schließlich im Februar 2004 das Gutachten vor. Den Prozessparteien wurde Gelegenheit zur Stellungnahme gegeben. Der Prozessbevollmächtigte der Beklagten äußerte in seiner Stellungnahme die Besorgnis der Befangenheit des Sachverständigen, widersprach der Verwertung des Gutachtens und beantragte, dem Gutachter eine Entschädigung zu versagen. Der Sachverständige habe die Fragen des Beweis-Beschlusses nicht bzw. unzutreffend beantwortet, Unterlagen verwandt, die ihm von der Klägerin bereitgestellt wurden, der Beklagten gar nicht bekannt seien und von ihr keinerlei Informationen abgefordert.

In seiner Stellungnahme zum Ablehnungsgesuch erklärte der Sachverständige, dass auf Bitten der Geschäftsführung der Klägerin bei ihm deren Geschäftsführer, der Steuerberater, der Prozessbevollmächtigte und der Gesellschafter erschienen seien, um ihm Unterlagen zu übergeben. Dabei seien die zur Durchführung des Auftrages erforderlichen Unterlagen angefordert und offene Fragen geklärt worden. Es habe kein „Einschwören" des Teilnehmerkreises gegeben. Eine Anhörung der Beklagten sei aus seiner Sicht nicht erforderlich gewesen.

Der Prozessbevollmächtigte der Beklagten bekräftigte daraufhin seinen Ablehnungsantrag gegen den Sachverständigen damit, dass die Besprechung des Sachverständigen mit der „hochkarätigen Begleitmannschaft" der Klägerin ohne Vertreter der Beklagten nur dazu gedient haben könnte, den Sachverständigen im Sinne der Klägerin zu instruieren. Zur Übergabe von Unterlagen habe es nicht einer so „hochkarätigen" Mannschaft der Klägerin bedurft. Ein Bote hätte genügt. Dies rechtfertige die Zweifel der Beklagten an der Neutralität des Gutachters. Die Voraussetzungen für die Ablehnung des Sachverständigen wegen Besorgnis der Befangenheit lagen bei diesem Sachverhalt vor.

Die Beklagten haben Tatsachen vorgetragen und glaubhaft gemacht, die von ihrem Standpunkt aus bei objektiver Betrachtungsweise geeignet sind, ein Misstrauen gegen die Unparteilichkeit des Sachverständigen zu rechtfertigen. Der Geschäftsführer der Klägerin hat den Sachverständigen zusammen mit dem Gesellschafter und mit qualifiziertem juristischen Beistand ohne Kenntnis der Beklagten aufgesucht und nach eigenem Bekunden die Übergabe erforderlicher Dokumente besprochen und vollzogen. Die Besorgnis der Beklagten, dass dabei möglicherweise auch über die reine Übergabe von Unterlagen hinausgehende Umstände besprochen wurden, ist nicht gänzlich von der Hand zu weisen und nachzuvollziehen. Der Ablehnungsantrag war daher gerechtfertigt.

Dieses Verhalten der Klägerin führte dazu, dass das Gutachten nicht verwertet werden konnte und ein neuer Sachverständige bestellt werden musste, was nicht im Sinne der Klägerin an einer kurzfristigen Entscheidung des Streitfalles durch das Gericht lag. Eigentor!

Das Gericht hat daraufhin ein bekanntes Wirtschaftsprüfungs-Büro aus Halle mit der Erstellung des nicht einfachen Gutachtens beauftragt. Es galt den wirtschaftlichen Schaden eines durch einen Mitkonkurrenten ausgebluteten Unternehmens festzustellen, was der neuerlichen Gutachterin sichtlich schwer fiel. Das führte dazu, dass das Gericht dieser Sachverständigen sogar Zwangsgeld zur Erstellung und Übergabe des Gutachtens androhen musste. Erst nach weiterer gerichtlicher Einflussnahme und Verhandlungsterminen wurde das Gutachten schließlich vorgelegt, wobei es über dessen Qualität nicht ganz unberechtigte Bedenken der Prozessparteien und des Gerichts gab. Nach mehreren Jahren wollte aber kein Beteiligter eine weitere Verzögerung durch die eventuelle Bestellung eines anderen Gutachters.

Schließlich konnte mit Hilfe des Gerichts nach mehreren Jahren ein Vergleich abgeschlossen werden, der im Interesse aller Beteiligten lag.

Ende gut, alles gut!

Richter-Ablehnung

Die Ablehnung eines Richters wegen Besorgnis der Befangenheit ist möglich, wenn ein Grund vorliegt, der geeignet ist, Misstrauen gegen seine Unparteilichkeit zu rechtfertigen. Es genügt jede Tatsache, die auch nur ein subjektives Misstrauen der ablehnenden Partei in die Unvoreingenommenheit des Richters vernünftigerweise rechtfertigen kann (analog Sachverständiger).

Ich wurde in meiner Richtertätigkeit nur sehr selten wegen Besorgnis der Befangenheit von einer Prozesspartei abgelehnt. Mir sind nur drei Fälle in Erinnerung. Alle drei Beanstandungen waren unbegründet. In einem Fall stellte ein Prozessbevollmächtigter für seine Partei ein Ablehnungsgesuch, weil diese meinte, bei der Vielzahl der Prozesse zwischen den Prozessparteien häufiger unterlegen gewesen zu sein als die Gegenpartei. Der Rechtsanwalt entschuldigte sich für diesen Antrag telefonisch unter Hinweis darauf, dass das der Wille seiner Partei, nicht aber seine Entscheidung sei.

In einem anderen Fall beantragte der Prozessbevollmächtigte wiederholt über einen längeren Zeitraum immer wieder Fristverlängerungen. Sie sollten ersichtlich dazu dienen, den Prozess und die offensichtliche Zahlungsverpflichtung zu verschleppen. Der Befangenheitsantrag hatte zwar keinen Erfolg, aber das Ziel, eine weitere Verzögerung allein durch die Bearbeitung des Antrages zu erreichen, wurde erreicht.

Schließlich drohte mir ein Rechtsanwalt aus Dresden einen Befangenheitsantrag an, obwohl er mich nicht kannte, ich in dem frühen Stadium des Verfahrens noch gar nicht weiter tätig war und die gerichtliche Maßnahme bis dahin für ihn sogar günstig war. Da er in seiner Zahlungsklage ankündigte, dass sich die beklagte Partei gegen die Klage nicht verteidigen werde, weil sie die Berechtigung grundsätzlich einsehe, wurde von mir das schriftliche Vorverfahren angeordnet, was bei fehlender Verteidigung der Klägerin unmittelbar einen vollstreckbaren Titel ergeben hätte. Schließlich hat er dies dann auch selbst erkannt und kein Ablehnungsgesuch gestellt. Vorher hat er erst einmal allgemein auf die „faule Richterschaft" geschimpft. Damit muss man aber umgehen können.

In einem Fall habe ich mich wegen Besorgnis der Befangenheit selbst abgelehnt. Mein Freund, Ehemann meiner Schulkameradin und Nachbar, wurde als Gesellschafter seiner Firma vor der Kammer für Handelssachen in drei Prozessen verklagt. Ich kenne ihn sehr gut und bin mit ihm befreundet. Eine völlig unabhängige Entscheidung wäre mir möglicherweise schwer gefallen. Das wurde auch akzeptiert. Die Prozesse hat mein Stellvertreter durchgeführt.

Die Kammer für Handelssachen insgesamt, was auch möglich ist, wurde nie abgelehnt.

Dolmetscher vor Gericht

> *Vier Augen sehen mehr als zwei.*
> *Wer deutlich spricht zur rechten Zeit,*
> *spart Kosten sich und Streitigkeit.*
> *Auf eine Frage gehört eine Beantwortung.*

In einem Rechtsstreit vor der Kammer für Handelssachen begehrte die Klägerin von dem beklagten Geschäftsführer-Ehepaar aus Geschäftsführerhaftung Schadenersatz in Höhe von 831.000,00 Euro.

Eine Firma A. Limited mit Sitz in Kiew baute Leichtflugzeuge zusammen. Das dazu benötigte Material kaufte sie von einer speziell gegründeten Firma der Beklagten in Deutschland (Fa. LTU), die dieses für die Herstellung der Flugzeuge nach Kiew versandte. Die Firma in Kiew lieferte die montierten Flugzeuge an die Firma der Beklagten zur Veräußerung im eigenen Namen und für eigene Rechnung an Kunden. Später gründeten die Beklagten und der Inhaber der Firma A. Limited aus Kiew die A. Logistik GmbH im Gerichtsbezirk des

Landgerichts in Deutschland. Diese Gesellschaft übernahm die gleichen Aufgaben und Geschäftsabwicklungen. Geschäftsführer der A. Logistik GmbH waren zunächst das beklagte Ehepaar. Nach dem Zerwürfnis der Gesellschafter wurde ein spanischer Kaufmann Geschäftsführer.

Die neu gegründete A. Logistik GmbH (Klägerin) begründete ihren Schadenersatzanspruch gegen ihre ehemaligen Geschäftsführer damit, dass diese schuldhaft gegen ihre Geschäftsführerpflichten verstoßen hätten, indem sie Barentnahmen ihn Höhe von zirka 90.000,00 Euro in Teilbeträgen getätigt und als Zahlungen an den Mitgesellschafter V. aus Kiew gebucht hätten, ohne dass ihm das Geld jemals zugeflossen sei. Gegenstand des Rechtsstreits waren außerdem vermeintliche Scheinmietverträge, Transportkosten und Privatausgaben. Da die beklagten Geschäftsführer nicht nachweisen konnten, was mit dem abgehobenen Geld geschehen ist und dass die Miet- und Transportkosten tatsächlich gerechtfertigt waren, verurteilte das Gericht die Beklagten zum Schadenersatz. Das Oberlandesgericht hat diese Entscheidung grundsätzlich bestätigt.

Im Rahmen des Prozesses hat das Landgericht eine umfangreiche Beweisaufnahme durch Vernehmung des Mitgesellschafters und Firmeninhabers aus Kiew sowie einiger Kraftfahrer, die das Geld angeblich in kleineren Barbeträgen erhalten hätten und in Kiew abliefern sollten, durchgeführt. Sie sprachen nicht Deutsch, weshalb ein Dolmetscher beteiligt werden musste. Die Beweisaufnahme war sehr aufwendig, wegen technischer und sonstiger Einzelheiten schwierig und langwierig. Der Verhandlungssaal war mit Besuchern vollständig gefüllt. Darunter offensichtlich auch Bürger aus Kiew.

Im Laufe der Anhörung der Zeugen meldete sich plötzlich eine junge Dame aus dem Zuschauerraum zu Wort. Sie habe Russisch studiert und lebe seit mehreren Jahren in Kiew. Sie beherrsche die russische Sprache. Ihr sei aufgefallen, dass die vom Gericht bestellte und eingesetzte Dolmetscherin bereits zum dritten Mal die Aussagen der Zeugen falsch übersetzt habe. Die Beispiele dafür wurden von ihr benannt. Die Dolmetscherin erklärte sich dazu zunächst nicht.

Was nun?

Als Vorsitzender habe ich dann die betroffenen Parteien bzw. deren Rechtsanwälte gebeten, ihre diesbezüglichen Fragen an die jeweiligen Zeugen noch einmal zu stellen. Diese habe ich erneut protokolliert und beantworten lassen. Die Dolmetscherin hat die Antworten dann übersetzt, die ich protokolliert habe. Da es keine weiteren Einwände, weder von den Parteien bzw. deren Rechtsanwälte oder Besucher dazu mehr gab, habe ich die Beweisaufnahme fortgesetzt. Anderenfalls hätte ich die Verhandlung unterbrechen und die teilweise weitgereisten Zeugen nach Hause schicken und erneut laden müssen. Ich hätte einen anderen Dolmetscher bestellen müssen. Das wollte eigentlich aber kein Beteiligter.

So etwas erlebt man auch nicht alle Tage!

Zeugen vor Gericht

Eide schwören ist nicht Rüben graben.
Der Eid ist der Zeuge der Wahrheit.
Dem Richter allein steht es zu,
nicht alles zu glauben.

Das Salz in der Suppe der Tätigkeit eines Richters sind Zeugenvernehmungen. Es gibt die unterschiedlichsten Personen. Manche zerfließen vor Ehrfurcht und Höflichkeit vor dem Gericht, sind verängstigt und wollen möglichst ihre ganze Lebensgeschichte erzählen, um nur nichts zu vergessen. Sie haben ihren besten Anzug bzw. ihr bestes Kleid angezogen und sprechen den Vorsitzenden mit Euer Ehren oder Hohes Gericht an. Das sind meist ältere Menschen, die zum ersten Mal vor Gericht erschienen sind. Andere Zeugen, meist jüngere Leute, sehen das total locker. Sie erschienen in Jeans oder Arbeitskleidung. Man könnte meinen, sie kommen direkt aus der Produktion oder verwechselten die Gerichtsverhandlung mit einer Stammtischrunde. Hinzu kommt, dass manche Zeugen äußerst unverständlich und langsam sprechen. Andere wiederum reden so schnell und undeutlich, dass man kaum etwas verwerten kann. Nicht allen Zeugen war bewusst, dass sie wahrheitsgemäße Aussagen tätigen müssen und Falschaussagen strafrechtliche Folgen haben können.

Trotz Belehrung wurde teilweise gelogen, dass sich die Balken bogen. Gut das es keine Balken im Gerichtsgebäude gibt. Ich habe in meiner richterlichen Tätigkeit sehr viele Zeugen vernommen, manchmal im Rahmen eines Prozesses zirka 50 Personen. Das ist natürlich sehr anstrengend und in der Regel in einem Verhandlungstermin nicht zu schaffen. Mein Anliegen war es aber

VERHANDLUNGS-
SAAL

RABE

174

immer, den Zeugen die Angst vor der Vernehmung zu nehmen und sie respektvoll anzuhören. Dies ist mir sehr oft gelungen. Das hat der Prozessführung und der Entscheidungsfindung meist sehr gut getan. Viele weitere Umstände ließen sich hier noch anführen. So zum Beispiel die vorherige Warnung vor einem aggressiven, gewalttätigen Zeugen. Ich hatte die Wachtmeister während der Beweisaufnahme schon in Bereitschaft versetzt. Die Vernehmung verlief aber ohne Probleme. Ich war ein bisschen stolz, das gut geschafft zu haben. Das erzählte ich anschließend unter anderem auch den Wachtmeistern. Die sagten mir dann: „Wissen sie, dass wir dem Zeugen vor dem Gerichtstermin drei große Schraubenzieher abgenommen haben?". Diesen hätte er problemlos als Waffe einsetzen können.

Glück gehabt. Traue niemand! Deshalb halte ich die Eingangskontrollen für absolut notwendig und gut.

Wer der Zeugen bedarf, muss ihre Kosten bezahlen.

„Der teure Zeuge aus Amerika"

So titulierte die Zeitung „Freies Wort" in ihrer Ausgabe vom 21. September 2012. In einem Aufsehen erregenden Prozess des Thüringer Automobilzulieferers Mitec AG gegen den amerikanischen Autohersteller Ford vor der Kammer für Handelssachen am Landgericht Meiningen wurde der ehemalige Verkäufer der Ford Company, Ch. F., als Zeuge benannt. Der Zeuge lebte zwischenzeitlich in Las Vegas und besaß dort mehrere Hotels. Er forderte von seinem früheren Arbeitgeber, der Ford Motor Company, für sein Erscheinen vor dem Landgericht in Meiningen 20.000,00 Dollar plus die Übernahme der Reisekosten. Ford bezahlte diesen Betrag auch. Der Zeuge erschien und wurde in der mündlichen Verhandlung unter Beteiligung eines Dolmetschers vernommen. Dass Zeugen für die Wahrnehmung eines Beweistermins vorab Geld bezahlt wird, ist offensichtlich in Amerika nicht unüblich. In Deutschland werden den Zeugen allenfalls bei Mittellosigkeit die Fahrkosten zum Erscheinen im Verhandlungstermin vorgestreckt, mehr nicht.

Zeugen-Aussage auswendig gelernt

Dem Richter allein steht es zu,
nicht alles zu glauben.
Keine Antwort ist auch eine Antwort.
Briefe sind besser denn Zeugen.

Der Gesamtvollstreckungsverwalter einer in die Gesamtvollstreckung geratenen Kunststoffwerk GmbH im Gerichtsbezirk nahm deren ehemaligen Geschäftsführer mit zwischenzeitlichem Sitz in London auf Schadenersatz in Anspruch, weil er unmittelbar nach der Gründung der GmbH nahezu das gesamte Stammkapital an seinen Sohn und Mitgesellschafter auszahlte.

Die GmbH wurde mit Gesellschaftsvertrag vom Mai 1994 gegründet und im September 1994 in das Handelsregister eingetragen. Unternehmensgegenstand war die Herstellung und der Vertrieb umweltfreundlicher Kunststoffrohre für Industrie, Freizeit, Tiefbau und Handel. Gesellschafter waren der verklagte Geschäftsführer, dessen Ehefrau und deren Sohn aus den alten Bundesländern einerseits sowie der Inhaber einer Baufirma und drei weitere Personen aus den neuen Bundesländern andererseits. Das Stammkapital der Gesellschaft betrug 300.000,00 DM. Alleinvertretungsberechtigte Geschäftsführer waren der Beklagte und ein weiterer Gesellschafter.

Unmittelbar nach der Gründung der Gesellschaft überwiesen der beklagte Gesellschafter-Geschäftsführer und der Mitgeschäftsführer vom Geschäftskonto der GmbH in Höhe von 300.000,00 DM einen Betrag in Höhe von 290.000,00 DM auf das Konto einer Limited Gesellschaft in London mit dem Vermerk „Für Rohrfertigungsanlage", deren Inhaber der Sohn des Beklagten war. Das Geld wurde von ihm umgehend an seinen Vater weitergeleitet. Angeblich wollte der damit sein Grundstück entschulden, um einen Kredit zum Ankauf eines Grundstücks und zur Errichtung einer Produktionsstätte zu erlangen. Er habe das Darlehen binnen zwei Wochen wieder an die GmbH zurückzahlen wollen, was natürlich nicht geschah. Die abgehobenen 290.000,00 DM stammten überwiegend aus der Bareinlage des Baubetriebs-Gesellschafters. Der Beklagte wandte ein, die Überweisung des Geldes an seinen Sohn habe dazu gedient, dass dieser mit seiner Firma in London eine Rohranlage für die GmbH fertigt. Darüber seien sich die Gesellschafter einig gewesen.

Das Landgericht hat im Rahmen der Aufklärung des Sachverhalts die Gesellschafter und den Sohn des Beklagten als Zeugen zu dem vermeintlichen Gesellschafterbeschluss und der einvernehmlichen Überweisung des Geldes vernommen. Da durch die Beweisaufnahme weder die darlehensweise Hingabe des Geldes noch der behauptete Gesellschafterbeschluss und die abgestimmte Auszahlung des Betrages bewiesen wurden, hat die Kammer für Handelssachen den beklagten Geschäftsführer-Gesellschafter zum Schadenersatz in Höhe von 290.000,00 DM plus Zinsen verurteilt. Er hat die Sorgfaltspflichten eines ordentlichen Kaufmanns verletzt, indem er das Stammkapital fast vollständig aufbrauchte und letztlich an sich selbst zahlte. Sowohl das Oberlandesgericht als auch der Bundesgerichtshof haben diese Entscheidung gehalten.

Der Fall zeigt aber auch, wie gutgläubig und vielleicht auch einfältig ostdeutsche Personen teilweise bei der euphorischen Gründung von Firmen waren. Sie vertrauten oftmals nicht ganz so soliden Kaufleuten.

Bemerkenswert bei diesem Prozess war aber auch der Umstand, dass der als Zeuge vernommene Sohn des Beklagten und zunächst eingesetzte Empfänger des Geldes mit seiner Ltd. Firma in London seine Aussage vor dem Landgericht vollständig auswendig gelernt hatte. Bei jeder Zwischenfrage oder bei jeder Unterbrechung benötigte er ein Stichwort, um in seinem Text fortfahren zu können. Die Aussage war ganz offensichtlich zu Gunsten des beklagten Vaters gestrickt und wenig glaubhaft. Überhaupt wirkte dieser Zeuge nicht glaubwürdig.

Dass ein Zeuge, seine relativ umfangreiche Aussage vorher vollständig auswendig gelernt hat, ist mir nicht bzw. nicht wieder vorgekommen. Es dürfte auch ziemlich einmalig sein.

Falsche eidesstattliche Versicherungen

Mitleid mit dem Zeitungswerber

Der Eid macht mündig.
Der Eid ist der Zeuge der Wahrheit.
Gnade geht vor Recht.

In einem Wettbewerbsprozess vor der Kammer für Handelssachen des Landgerichts klagte eine Zeitschriftenfirma gegen eine andere wegen unlauteren Wettbewerbs auf Unterlassung und Schadenersatz. Die Werber des Mitkonkurrenten hätten die Kunden mit falschen und unzulässigen Versprechungen abgeworben und zur Veränderung ihrer Zeitung-Abos veranlasst. Es waren vorrangig ältere Bürger in ländlichen Gebieten. Sie hatten auf Betreiben des Mitkonkurrenten der Zeitschriftenfirma deren Vermittlern eidesstattlich versichert, dass sie durch unlautere Versprechungen und Geschenke zum Vertragswechsel aufgefordert wurden und diesen auch mit ihrer Unterschrift auf einem neuen Vertrag vorgenommen hätten.

In der mündlichen Verhandlung legte die beklagte Firma dann eine Vielzahl von unterschriebenen Schriftstücken der Kunden vor, wonach ihre Aussage, vorgenommen auf Betreiben des neuen Werbers, falsch ist. Der Werber habe sie aufgesucht und ihnen gesagt, dass er jetzt wegen ihrer Aussage ins Gefängnis müsse. Sie sollten schnell ihre ehemalige Aussage widerrufen und ihm den Widerruf unterschrieben übergeben, was viele Bürger auch taten. Dass sie vorher an Eides statt nach ausdrücklicher Belehrung über die Folgen von Falschaussagen das Gegenteil versichert haben, bedachten sie nicht. Eine Falschaussage unter Eid ist kein Kavaliersdelikt und hat strafrechtliche Folgen für die Betroffenen.

So können wegen vermeintlich einfacher Sachverhalte Personen, meist ältere Bürger, in strafrechtliche Schwierigkeiten gelangen. Das mahnt dazu, mit Unterschriften vorsichtig zu sein. Hier haben die einfachen Leute Inhalt und Folgen ihres Tuns nicht bewusst bedacht. Ich habe die Sachverhalte strafrechtlich nicht weiter verfolgt. Ob und wie das eventuell an anderer Stelle erfolgt ist, ist mir nicht bekannt.

Aussage für die Mutter

Selbst ist der Mann, die Frau.
Mische dich nicht in fremde Händel!
Der Eid ist der Zeuge der Wahrheit.

Eine Telekommunikationsfirma verklagte vor dem Landgericht einen Mitkonkurrenten auf Abgabe einer strafbewehrten Unterlassungserklärung wegen wettbewerbswidrigem Verhalten. Ihre Werber hätten Kunden unter Vorspiegelung falscher Tatsachen zur Vertragsstornierung und zum Neuabschluss von Verträgen mit ihrem Unternehmen verleitet. Dafür holte sie sich bei einer Kundin eine an Eides statt abgegebene Versicherung ein und legte sie im Prozess und in der mündlichen Verhandlung als Beweismittel vor.

Die Zeugin verwickelte sich in den Befragungen der Rechtsanwälte mehr und mehr in Widersprüche. Schließlich gab sie unter Tränen zu, dass sie nicht selbst die Begegnung mit dem Werber hatte, sondern ihre 86-jährige Mutter. Diese konnte und wollte sich aber den Stress mit der Firma und dem Gericht nicht antun. Deshalb habe sie für ihre Mutter so ausgesagt, als ob ihr, der Tochter, das so widerfahren wäre. Das sei tatsächlich aber nicht der Fall gewesen.

Ohne Worte!

Natürlich war die Aussage kein Beweis für das wettbewerbswidrige Verhalten. Welche Folgen das Verhalten für die Tochter hatte, ist mir nicht bekannt. Ich war damit nicht mehr befasst.

Wechsel-Anerkenntnis-Vorbehalts-Urteil – Was ist denn das?

Augen auf, Kauf ist Kauf.
Wer die Augen nicht auftut, der tut den Beutel auf.
Wer schreibt, der bleibt.

Der Kläger, Inhaber einer Fenster- und Bauelemente-Firma, machte gegenüber einer Rentnerin aus einem kleinen Dorf des Gerichtsbezirks Ansprüche aus einem ausgestellten Wechsel über zirka 5.000 Euro geltend. Sie hatte den Wechsel angenommen, „quer geschrieben".

In einem sogenannten Wechsel-Prozess hatte das Landgericht die beklagte Rentnerin zur Zahlung verurteilt, nachdem sie das im Wechsel anerkannt hatte. Hier zählt nur die Urkunde, der Wechsel. Dieser war auf sie ausgestellt und unterschrieben.

In dem zugelassenen Nachverfahren machte die Rentnerin dann geltend, sie hätte mit dem Handelsvertreter des Lieferanten in ihrer Wohnung vereinbart, dass 28 Fenster mit einem Gesamtpreis zu zirka 15.000 Euro als Festpreis auf Abruf innerhalb von fünf Jahren geliefert werden. Anlässlich eines Nachbesuches des Mitarbeiters des Klägers wurden Aufmaß, Sicherheitsleistung und eine Zusatzbestellung über insgesamt zirka 25.000 Euro vereinbart. Über den Anzahlungsbetrag von zirka 5.000 Euro wurde der Wechsel ausgestellt und angenommen.

Nunmehr machte die beklagte Rentnerin weiter geltend, sie sei im Rahmen eines Hausbesuches durch den Vertreter zum Vertragsabschluss gedrängt worden. Der Mitarbeiter des Klägers habe sie unaufgefordert, unangemeldet und überraschend zum Zwecke des Verkaufs von Fenstern aufgesucht. Über eine Widerrufsmöglichkeit sei sie nicht belehrt worden.

Der Kläger bestritt das. Es handele sich offensichtlich um einen Fall der Kaufreue, nachdem sie noch einmal Rücksprache mit ihren Kindern genommen habe. Die Beklagte habe sogar anlässlich des vereinbarten weiteren Besuchs des Vertreters eine Auftragserweiterung vorgenommen. Eine Überrumpelung der Rentnerin läge nicht vor.

Konkrete Umstände für eine Täuschung der Beklagten wurden von dieser nicht benannt. Ein Haustürgeschäft lag auch nicht vor. Außerdem wäre der Widerruf deutlich verfristet gewesen. Schließlich hatte sie auch den Wechsel in Höhe der zu leistenden Anzahlung bewusst unterschrieben.

Das Gericht hat daher das Wechsel-Anerkenntnis-Vorbehalts-Urteil für vorbehaltlos erklärt. Dies hatte zur Folge, dass die bestellten Fenster abzunehmen und zu bezahlen waren. Die Klage des Lieferanten hatte daher Erfolg.

Vertrag ist Vertrag. Aus diesen kommt man in der Regel nicht so einfach heraus. Deshalb sollte man vor Vertragsabschluss Gegenstand und Bedingungen exakt prüfen. Es reicht nicht aus, sich auf ein vermeintliches Widerrufsrecht zu verlassen.

Was ist denn überhaupt ein Wechsel?

Der Wechsel ist ein Wertpapier, das eine Zahlungsanweisung des Ausstellers an den Bezogenen enthält, an diesen oder andere, an einem bestimmten Ort, zu einem bestimmten Zeitpunkt, eine bestimmte Geldsumme zu zahlen. Er ist eine Urkunde und dient oft einem Zahlungsaufschub. Sehr bekannt ist er bei den Kaufleuten offensichtlich nicht und wird zumindest in den neuen Bundesländern nicht allzu oft genutzt.

In der Wendezeit ist mir ein Fall in Erinnerung, in dem ein Autohändler aus den alten Bundesländern Autohändlern in den neuen Bundesländern 1990 mehrere Pkw auf die „grüne Wiese" bei Wind und Wetter nachts lieferte. Über den Kaufpreis, eine höhere Summe, stellte der Lieferer einen Wechsel aus. Diesen haben die Autohändler unterschrieben, obwohl sie vermeintlich nicht wussten, was ein Wechsel ist. Sie gingen vielmehr von einer Empfangsquittung aus. Sie waren tatsächlich überrumpelt worden. Das Gericht hat das zeitlich kurz nach der Wende zu den besonderen Umständen akzeptiert und die Klage des Lieferanten abgewiesen. Später wurde das allerdings nicht mehr toleriert.

Das Recht aus einem Wechsel kann nur durch Vorlage des Wechsels geltend gemacht werden. Die Forderungen sind losgelöst vom Grundgeschäft. In der gerichtlichen Praxis des Landgerichts, Kammer für Handelssachen waren Wechselprozesse selten. Es sind Urkundenprozesse, bei denen die Ansprüche und die Verteidigung nur mit Urkunden (Wechsel, Scheck usw.) möglich ist. Deshalb werden die Scheck- oder Wechselbeträge mangels umfänglicher Verteidigungsmöglichkeit auch oft im Urkundenprozess von den Beklagten anerkannt (Wechsel-Anerkenntnis-Vorbehalts-Urteil). Inhaltliche Einwendungen sind dann im Nachverfahren möglich. Die Urkundenprozesse dienen der Verfahrensbeschleunigung und der schnelleren Befriedigung von Zahlungsansprüchen der Gläubiger.

Der Kaffee-Senat

Ein Päus'chen in Ehren, kann keiner verwehren.

Eine der besten Einrichtungen am Landgericht war und ist aus meiner Sicht der Kaffee-Senat. Er ist zwar in keiner Gerichtsstruktur und in keinem Geschäftsverteilungsplan des Gerichts enthalten; gleichwohl spielt er aber eine

herausragende Rolle für die Rechtsprechung. In ihm vereinen sich auf völlig freiwilliger Basis ohne Instruktion oder Zwang einige Zivilrichter des Landgerichts zu einer kurzen „Kaffee-Runde" am Vormittag. In dieser werden Erfahrungen ausgetauscht, Rechtsprobleme erörtert und auch Allerweltsfragen behandelt. Ein Ost-West-Problem zwischen den Richtern gab und gibt es nicht. Es herrscht ein kollegiales Verhältnis. Auch ich als „Ossi"-Vorsitzender Richter" hatte keinerlei Probleme damit. Es ist Vieles halt auch eine Frage der Einstellung und des Umgangs miteinander.

Erwähnen möchte ich noch, dass in der Runde ein Sparschwein vorhanden war. Hier musste jeder Richter bei einem Macho-Spruch oder ähnlichen verbalen Entgleisungen einen Euro einzahlen. Bekanntermaßen bin ich ein großer Tierfreund. Deshalb habe ich viel für den Tierschutz getan und die „Sau" öfter mal gefüttert. Ich nehme an, dass es ihr nach meinem Ausscheiden nicht mehr so gut geht.

Kaffee wurde allerdings auch in der DDR getrunken.

Wer wird Millionär?

Der Richter als Lexikon.
Der Richter als stiller Finanzminister.

Wahrscheinlich könnte ich für die Sendung von Günter Jauch „Wer wird Millionär?" einige Fragen für die Eine-Million-Euro-Frage beisteuern. Es ist unwahrscheinlich mit welchen Fragen, Begriffen und Problemen ein Zivilrichter während seiner beruflichen Laufbahn konfrontiert wird. Die von mir ausgeurteilten Geldbeträge dürften sich insgesamt auf mehrere Hundert Millionen Mark, D-Mark und Euro belaufen. Über so viel Geld würde sich nicht nur der Finanzminister freuen.

Iudex non calculat (Der Richter rechnet nicht).

Folgend einige Beispiele für Begriffe aus den Prozessen, die ich im Buch erwähnt habe. Insgesamt sind es weitaus mehr.

RGV
Gabionen-Wand

Abbrassiv-Wasser-Strahlschneid-Maschine
Formkruke
Düker-Bauwerk
Balance-Fahrzeug
Erdmöbel
Wagenstandgeld
NSW
Tendenzschutz
VEG, ACZ, BHG, ZBO, ZBE, LPG
SH-Zahl
Gülle
Stückaktie
gekibbelte Zwiebeln.

Nachwort

Was lange währt, wird endlich gut.
Nur das Ende krönt das Werk.
Ende gut, alles gut.

Respekt, dass Sie solange durchgehalten haben!

Vielleicht haben Sie sich aber auch erst im Nachwort eingeloggt und sich den Rest absichtlich geschenkt. Auch gut. Ich bin kein Schriftsteller und habe nicht den Ehrgeiz, unsere deutschen Nobelpreisträger für Literatur Thomas Mann, Heinrich Böll, Günter Grass und andere zu übertrumpfen. Ich wollte ein bisschen unterhalten und die Probleme der Wiedervereinigung und der Wendezeit in der Justiz aus Sicht eines Zivilrichters, so wie ich sie erlebt habe, in aufgelockerter Weise darstellen. So ist es vielleicht auch für nachfolgende Generationen noch präsent und interessant.

Im Übrigen sind die von mir genannten Fälle in keiner Weise repräsentativ und vollständig. Sie hängen sehr davon ab, was mir noch in Erinnerung und Wert war, aufzuschreiben. Möglicherweise sagen Beteiligte oder betroffene Wegbegleiter, warum hat er denn diesen oder jenen Fall nicht erwähnt. Ich wusste es nicht mehr besser.

Ich habe auch bewusst auf die Angabe und Zitierung gesetzlicher Bestimmungen, BGH-Urteile, juristische Aufsätze, die Wiedergabe ganzer Urteile oder ähnliches verzichtet. Es sollte ja keine Arbeit für Rechtswissenschaftler werden. Die Parteien oder die Beteiligten in den Prozessen habe ich in der Regel nicht benannt, teilweise geändert und umgestaltet. Die Fälle selbst wurden von mir zum besseren Verständnis sehr vereinfacht. Zu berücksichtigen ist auch der Zeitpunkt der geschilderten Sachverhalte. Zwischenzeitlich haben sich in einigen Fällen Veränderungen ergeben. Es war auch nicht meine Absicht, jemanden zu beleidigen oder zu diskreditieren. Bei dieser Materie, Rechtsstreitigkeiten, nicht ganz einfach. Sollte es dennoch einmal der Fall sein: Entschuldigung!

Anhang

Zuständigkeit des Kreisgerichts Suhl laut Geschäftsverteilung für den Zeitraum vom 3. Oktober bis 31. Dezember 1990/91

Das Kreisgericht war damals sachlich zuständig für:

* Bürgerliche Rechtsstreitigkeiten, Familiensachen und Angelegenheiten der freiwilligen Gerichtsbarkeit
* Strafsachen
* Angelegenheiten der Arbeitsgerichtsbarkeit
* Angelegenheiten der Verwaltungsgerichtsbarkeit
* Angelegenheiten der Sozialgerichtsbarkeit.

Des Weiteren entschied das Kreisgericht durch Kammern für Handelssachen, durch Kammern für Patent-, Gebrauchsmuster-, Geschmacksmuster- und Warenzeichensachen sowie durch Landwirtschaftsgerichte. Konkurs- und Vergleichssachen.

Eine sehr umfassende Zuständigkeit. Fehlt eigentlich noch etwas? Das Kreisgericht war nach der Wende sogar zuständig für die selbständigen Gerichtsbarkeiten, wie Arbeitsgericht, Verwaltungsgericht und Sozialgericht. Daraus folgt, dass ich damals neben meiner Funktion als Vorsitzender einer Kammer für Handelssachen, Registerrichter, Konkursrichter, Verwaltungsrichter, Richter in Landwirtschaftssachen u. a. war.

Eine spannende Zeit!

Anmerkungen

1. Honoré de Balzac, Gesetzbuch für anständige Menschen, Verlag Philipp Reclam jun., Leipzig 1977, 14. Kapitel, Der Pensionsempfänger, S. 227 ff.
2. Vergl.: Dr. Ralf Höcker, Das Beste aus dem Lexikon der Rechtsirrtümer, Weltbild, S. 56 f.
3. Bekanntmachung über die Amtstracht der Rechtspflegeorgane in Bayern vom 16.10.1956, Nr. 3152-VI-14136/56, Anlage.
4. Aus der Spruchpraxis des Staatlichen Vertragsgerichts. Hrsg. vom Staatlichen Vertragsgericht beim Ministerrat der DDR, Staatsverlag der DDR, Berlin 1985, Bd. 14, S. 149.
5. Spruchpraxis, a.a.O., 1977, Bd. 6, S. 103 f.
6. Spruchpraxis, a.a.O., 1988, Bd. 16, S. 77 f.
7. Spruchpraxis, a.a.O., 1977, S. 102.
8. Spruchpraxis, a.a.O., 1988, Bd. 16, S. 81 f.
9. Spruchpraxis, a.a.O., 1983, Bd. 12, S. 72 f.
10. Spruchpraxis, a.a.O., 1984, Bd. 13, S. 69 f.
11. Spruchpraxis, a.a.O., Bd. 11, S. 103 ff.

Literaturhinweise

Grundmann, Günter / Strich, Michael / Richey, Werner
Rechtssprichwörter
VEB Bibliographisches Institut, Leipzig 1982.

Müller-Hegemann, Anneliese / Otto, Luise
Das kleine Sprichwörterbuch
VEB Bibliographisches Institut, Leipzig 1970.

Tange, Ernst Günter
Vom Vergnügen, Recht zu haben. Zitatenschatz für Juristen
Eichborn 1997.

Verlagsprogramm (Auswahl)

Herbert Schida
Das Blut der weißen Pferde
416 S., 3 Karten, Pb., 9,95 €
ISBN 978-3-930588-95-4

Die Thüringer hatten im Jahre 529 die Franken in der Nähe des heutigen Eisenach besiegt. So mancher Krieger wurde im Kampf verwundet oder getötet. In vielen Sippen lagen Freud und Leid eng beieinander. In Zukunft soll es nun zwischen dem Frankenreich und dem Thüringer Königreich ein Friedensbündnis geben. Geiseln werden ausgetauscht. Die Adelsfamilie des Herwald aus Rodewin ist um das Jahr 530 stark in die Geschicke des Thüringer Königreichs eingebunden. Hartwig, der zweite Sohn von Herwald, sehnt sich nach Elke, seiner zukünftigen Ehefrau. An ihrem Hochzeitstag erfahren beide, dass Hartwig Prinz Baldur in das Frankenreich begleiten soll. Elke ist traurig und schon jetzt krank vor Sehnsucht und Sorge um ihren Mann, denn es wird doch für die Liebenden sicher eine Trennung auf ungewisse Zeit.
Im Reich der Merowinger erfahren die Geiseln von einem Angriffsplan auf ihre Heimat. Mit Baldur, dem Bruder von Radegunde, die später die Heilige genannt und noch heute in Frankreich verehrt wird, flieht Hartwig aus Reims. Wird es gelingen, die Thüringer noch rechtzeitig zu warnen? Wird Hartwig seine Elke wiedersehen und das Glück ihnen hold sein?

Herbert Schida
Die Spur der weißen Pferde
400 S., 4 Karten, Pb. 9,95 €
ISBN 978-3-943552-03-4

Große Teile des Thüringer Königreiches halten die Franken seit dem Jahr 531 besetzt. Nur noch zwischen Saale und Elbe regiert Herminafrid. In dieser Lage bieten die Franken dem Thüringer König an, dass er als Vasall den größten Teil seines Reiches zurückerhalten kann. Daraufhin reist der Thüringer König voller Hoffnungen zu Verhandlungen nach Zülpich. In seinem Gefolge befindet sich Siegbert, der dritte und jüngste Sohn, des im Jahre 529 bei Eisenach im Kampf gegen die Franken gefallenen Gaugrafen Herwald. Doch, was erwartet die Thüringer in Zülpich?
Siegbert lernt in den Wäldern seiner Heimat Brunhilde kennen. Ein Feuer der Liebe entfacht. In dieser Situation erhält er den Auftrag, die Thüringer Königin Amalaberga mit ihren Getreuen sicher nach Ravenna zu geleiten. Es ist eine Trennung der Liebenden auf unbestimmte Zeit.
Die Reise führt durch das Reich der Langobarden in das zerstörte Vindobona, dem heutigen Wien. Dort erfährt Amalaberga von den Unruhen bei den Ostgoten und ihre Weiterreise verzögert sich. Wird Siegbert seine Brunhilde und seine Heimat je wiedersehen?

Unser Buchprogramm finden Sie unter www.heinrich-jung-verlag.de.

Verlagsprogramm (Auswahl)

Herbert Schida
Verräter an der Königin
(In Vorbereitung)

Hartwig aus Rodewin begleitet im Jahre 535 den Thüringer Königssohn Amalafred von Ravenna zum Königssitz des Herrschers der Langobarden in Pannonien. Er bittet Hartwig, seiner Gesandtschaft, den Weg ins Frankenreich zu zeigen.
Durch glückliche Umstände gelangt Hartwig zu seiner Familie zurück. Die Gegebenheiten zwingen ihn jedoch, ein hohes Amt in der fränkischen Verwaltung anzunehmen. Er gilt für viele Thüringer als Verräter, da er sich mit den Franken arrangiert hat. Ist er es wirklich?
Eine bevorstehende Hungersnot, zwingt die Rebellen aufzugeben und ins Reich der Langobarden nach West-Pannonien auszuwandern. Hartwig hilft ihnen dabei und wird letztendlich des Verrats am Frankenkönig beschuldigt.
Hartwig ist der Gefolgsmann des in Athies gefangengehaltenen Bruders der Radegunde von Thüringen, die den Frankenkönig Chlothar heiraten soll. Er soll als Sohn des verstorbenen Königs Berthachar den Aufstand im ehemaligen Thüringer Königreich organisieren und es befreien.

Herbert Schida
Rebell der Königin
(In Vorbereitung)

Siegbert ist Anführer der Rebellen im ehemaligen Thüringer Königreich. 531 wurde es von den Franken erobert und zu einer ihrer Provinzen gemacht. Der Thüringer König Herminafrid wurde ermordet daraufhin floh die Königin mit ihrem Gefolge nach Ravenna. Sie beauftragte im Jahr 535 Siegbert, den Kampf gegen die Franken zu organisieren. Nach dem Tod seiner Ehefrau wünscht sich der Rebellenführer, im Kampf zu sterben und sie in Walhall oder bei Hel wiederzusehen. Die Verantwortung zu seinen Anbefohlenen hält ihn jedoch davon zurück.
Eine bevorstehende Hungersnot zwingt die Rebellen aufzugeben und ins Reich der Langobarden auszuwandern. Siegberts Bruder Hartwig, der in Thüringen im Dienst des Frankenkönigs Theudebert steht und in den Augen Siegberts, ein Verräter ist, hilft ihm dabei.
Wacho, dem König der Langobarden, sind die Thüringer sehr willkommen. Sie verstärken mit ihren Kriegern sein Heer und die mitgereisten Bauern besiedeln das Land westlich von Vindobona (Wien) im Tullnerfeld. Siegbert heiratet erneut und beginnt mit der Zucht der weißen Thüringer Pferde.
Zu den Hochzeitsfeierlichkeiten der ältesten Tochter von König Wacho reist er mit einer Abordnung seiner Krieger über Thüringen nach Reims. Während dieser Reise gibt es so manches Wiedersehen.

Unser Buchprogramm finden Sie unter www.heinrich-jung-verlag.de.

Verlagsprogramm (Auswahl)

Günter Nagel

Das geheime deutsche Uranprojekt 1939-1945. Beute der Alliierten

Die Jagd nach Uran

560 S., 160 Abb., gb.
39,90 €

ISBN 978-3-943552-10-2

Dr. H. Hofmann

Geheimobjekt „Seewerk"

Was geschah im Wald von Falkenhagen?

400 S., 350 Abb., gb.
19,90 €

ISBN 978-3-930588-79-4

Markus Gleichmann
Ronny Dörfer

Geheimnisvolles Thüringen

Untertageverlagerungen im Krieg

320 S., 158 Abb., gb.
19,90 €

ISBN 978-3-930588-98-5

Gert Dieter Schmidt

Verborgenen Schätzen auf der Spur

Auf der Suche nach verbrachten NS-Schätzen

176 S. 108 Abb., gb.
17,99 €

ISBN 978-3-943552-08-9

Ulrich Brunzel

Hitlers Geheimobjekte in Thüringen

Aufdeckung weißer Flecken in der Geschichte

264 S., 99 Abb., gb.
19,90 €

ISBN 978-3-930588-31-2

Helmut Wolf

Erfurt im Luftkrieg 1939 – 1945

Wie Menschen den Luftkrieg erlebten

304 S., 70 Abb., gb.
19,90 €

ISBN 978-3-943552-06-5

Unser Buchprogramm finden Sie unter www.heinrich-jung-verlag.de.

Verlagsprogramm (Auswahl)

Heinrich Ehrhardt

Hammerschläge

70 Jahre deutscher
Arbeiter und Erfinder

130 S., 10 Abb., gb.
14,90 €

ISBN 978-3-930588-37-4

M. Tumma / H. Bader
L. Schreier

**Von Mercedes
zu Robotron**

Die Geschichte einer
Weltfirma in Bildern

260 S., 500 Fotos, gb.
10,00 €

ISBN 978-3-930588-89-3

Günter Wriedt

**Im Wechselbad der
Gefühle 1989/90**

Eine zeitgeschichtliche
Betrachtung – nicht nur
über die Wendezeit

208 S., 12 Abb., Pb.
9,95 €

ISBN 978-3-930588-97-8

K. Köhler
R. Günzler

**Vom Fahrschul- und
Fahrerlaubniswesen**

Von den Anfängen bis
zur Gegenwart

192 S., 182 Abb., gb.
10,00 €

ISBN 978-3-930588-94-7

Autorenteam

**Die Liebensteiner
Brunnenschrift von
1610**

Andreas Libavius
und die Geschichte
des Casimirianischen
Sauerbrunnens

160 S., 62 Abb., gb.
19,90 €

ISBN 978-3-943552-13-3

Elisabeth Karl

**120 Jahre
Lutherschule**

Schulalltag vom
Kaiserreich bis zur
Gegenwart

276 Seiten, gb.
5,00 €

ISBN 978-3-930588-67-1

Unser Buchprogramm finden Sie unter www.heinrich-jung-verlag.de.

Autorenporträt

Roland Wolf wurde am 8. Februar 1949 in Suhl geboren, wo er seine Kindheit, Jugend und die ersten Berufsjahre verbrachte. Nach Absolvierung der Grundschule erlernte er den Beruf eines Industriekaufmanns mit Abitur und nahm 1968 ein Jurastudium an der Friedrich-Schiller-Universität Jena auf, das er als Diplomjurist abschloss. Sein Interesse galt stets kaufmännischen und wirtschaftlichen Belangen. So arbeitete er nach dem Jurastudium als Justitiar im VEB Datenverarbeitungszentrum Suhl. In seinem Bestreben, möglichst viele juristische Bereiche kennenzulernen, nahm er am 1. September 1975 eine Tätigkeit am Bezirksvertragsgericht Suhl auf. Der Jurist wurde zum Vertragsrichter und 1980 zum Vertragsoberrichter ernannt. Dort arbeitete er bis zur Wende als Leiter der Abteilung „Handel/Landwirtschaft", die für Fragen der Versorgung der Bevölkerung und allgemeine zivilrechtliche Streitigkeiten zuständig war. Daraus stammen die Fälle aus der DDR-Zeit.

In der Wendezeit 1989 bis 1991 war der Autor zunächst beim Kreisgericht Suhl als Richter kraft Ermächtigung auf den verschiedensten Rechtsgebieten tätig, so z. B. als Register- und Gesamtvollstreckungsrichter und auch als Verwaltungsrichter. Einige Fälle zeugen von dieser Zeit. Bereits 1990 übernahm er beim Kreisgericht Suhl die Kammer für Handelssachen.

Nach Billigung durch den Richterwahlausschuss und umfangreichen Weiterbildungs- und Qualifizierungsmaßnahmen wurde Roland Wolf im September 1991 zum Richter auf Probe, im Mai 1994 zum Richter am Landgericht und im Januar 1997 zum Vorsitzenden Richter am Landgericht berufen. Als Vorsitzender einer Kammer für Handelssachen am Landgericht war er von 1990 bis zu seiner Pensionierung tätig. Aus dieser Zeit resultieren einige Fälle, die den Unterschied zwischen der Planwirtschaft der DDR und der Marktwirtschaft nach der Wiedervereinigung sichtbar machen. Sie sind in leicht verständlicher, humoristischer Weise dargestellt.

Im Übrigen will der Autor dem Leser des Buches verdeutlichen, dass nicht fette Prozesse das Ziel gesellschaftlichen Zusammenlebens und des Rechtsfriedens sind, sondern deren Vermeidung und einvernehmlichen Schlichtung (z. B. durch Mediation).

Roland Wolf ist verheiratet und hat zwei Kinder. Er wurde im Februar 2014 in den Altersruhestand versetzt und lebt nach wie vor in Suhl.